培养孩子
就是培养
大脑

[日] 成田奈绪子 著

七月 译

哈尔滨出版社

黑版贸审字 08-2020-124 号

图书在版编目（CIP）数据

培养孩子就是培养大脑/（日）成田奈绪子著；七月译. —哈尔滨：哈尔滨出版社，2021.2

ISBN 978-7-5484-5577-6

Ⅰ.①培… Ⅱ.①成…②七… Ⅲ.①儿童教育-家庭教育 Ⅳ.①G782

中国版本图书馆CIP数据核字（2020）第186447号

8-SAI MADE NO KODOMO NO NO NI YATTE IIKOTO WARUIKOTO
Copyright © 2016 by Naoko NARITA
All rights reserved. Illustrations by Kyoko OTA.
First original Japanese edition published by PHP Institute, Inc., Japan.
Simplified Chinese translation rights arranged with PHP Institute, Inc.
through East West Culture & Media Co., Ltd.
编辑协力　长岛智子

书　　名：**培养孩子就是培养大脑**
　　　　　PEIYANG HAIZI JIUSHI PEIYANG DANAO

作　　者：[日] 成田奈绪子　著　七月　译
责任编辑：刘　丹
责任审校：李　战
封面设计：荆棘设计

出版发行：哈尔滨出版社（Harbin Publishing House）
社　　址：哈尔滨市松北区世坤路738号9号楼　　邮编：150028
经　　销：全国新华书店
印　　刷：北京温林源印刷有限公司
网　　址：www.hrbcbs.com　　www.mifengniao.com
E-mail：hrbcbs@yeah.net
编辑版权热线：（0451）87900271　87900272

开　　本：787mm×1092mm　　1/32　　印张：6.5　　字数：94千字
版　　次：2021年2月第1版
印　　次：2021年2月第1次印刷
书　　号：ISBN 978-7-5484-5577-6
定　　价：38.00元

凡购本社图书发现印装错误，请与本社印制部联系调换。
服务热线：（0451）87900278

序 穿衣吃饭，就是最好的家庭教育

成田奈绪子，是日本文教大学教育学系特殊教育学教授，同时也是小儿科专科医生。她的令人惊奇的图书《培养孩子就是培养大脑》，虽然给我们带来很多富有冲击性的观点，但归根到底还是以阐述常识为主。在娓娓道来的语句之下，告诉我们为人父母之道。

不过，在我看来，简单地说，本书的关键只在于两个词，就是"好好睡觉""好好吃饭"。可能读完全书，你也会认为，做好这两件事，就是对大脑发育的最好支持，也是对孩子成长的最好支持。

在展开论述之前，我们需要知道的是：培养孩子，到底培养的是什么呢？成田教授认为，培养孩子，就是"培育孩子的身体和心灵"。而"培育孩子的身体和心灵"和"培养大脑"其实是一样的。成田教授用了一个等式来表示：培养孩子 = 培养大脑。

为了明白这一点，我们需要先从脑科学的层面，来了解一下大脑的发育究竟是怎么回事。

从生理上讲，大脑分为负责思考的大脑皮质、负责运动的小脑、负责生命活动的脑干、负责情绪的大脑边缘系统，以及负责创造的前额叶。这几个部分各司其职，各有侧重，但是，在一个孩子的生长发育阶段，也是会有先后时间顺序的。

为了让普通读者能更好地理解，成田奈绪子形象地把大脑分为三个部分，分别是"身体脑""思考脑"和"心灵脑"。

其中，"身体脑"负责吃饭、睡觉、呼吸等，满足人类生存最低限度需要的机能。"身体脑"的塑造主要发生在 0 ~ 5 岁之间。

"思考脑"，主要涉及语言发展、身体精细动作的发展，以及智力发展。"思考脑"从 1 岁开始发育，到 18 岁之前一直都在发展，其中 6 岁到 14 岁是它发展的关键时期。

"心灵脑"，则用以连接"身体脑"和"思考脑"，主要部位就是前额叶。"心灵脑"也被叫作"社会脑""人类脑"。当个人被愤怒、不安的情绪控制的时候,考虑周围的情况,并采取相应行动的高等心理机能就由它掌管。"心灵脑"的塑造主要在 9 岁到 15 岁之间,到 18 岁前后一直在持续发展。

这样,我们就明白了,一个孩子的生长发育的先后次序,以及在某些特定时间阶段的轻重缓急。可以说,从出生到 8 岁是孩子大脑塑造的黄金时期。只要家长持续给孩子提供有益的刺激,就可以让孩子的大脑健康、稳步、快速地发展。

那么,每个发育的阶段,究竟有什么诀窍,需要新手爸妈注意呢?看了本书之后,我们就会明白,育儿,可能真的不需要什么诀窍,需要的仅仅只是常识。这些孩子成长中的关键阶段,只需要我们按照正常的方式生活就可以。用最简单通俗的话语讲,就是开头说过的两个词,"好好睡觉""好好吃饭"。

为什么需要好好睡觉呢?因为大脑需要足够的睡眠时间来促进其发育。大脑所需的最低限度的睡眠时间,因年龄而异。幼儿园大班的孩子每天需要睡大约 10 小时，小学生需要睡 9 小时，初中生和高中生需要睡 8 小时。所以，好好睡觉，按照太阳的节律作息，就很重要。

此外，睡觉的时候会分泌血清素。血清素是大脑中的一种神经递质，也被称作"快乐荷尔蒙"。当身体分泌血清素的时候，个体会处于镇静、安定、身心平衡的状态。血清素能够降低不安和恐惧，改善注意力不集中和急躁、混乱的状况，带给人安心和愉悦感，是一种非常重要的神经递质。

为什么要好好吃饭呢？这当然是显而易见的。对于大脑的发展来说，营养均衡太重要了，"开心吃饭"带来均衡营养，这是身体和大脑同时需要的。而且，一家人一起开心吃饭，就是最好的亲子时光，也是给予孩子各种感官刺激的时刻。家庭教育，就在这些日常生活的细节之中。

同时，营养均衡的健康饮食，也是促进孩子血清素分泌的关键。

当然，如果你觉得"好好吃饭""好好睡觉"还不够，还要再加一条的话，那就是"好好运动"了。做到这三条，孩子的健康童年，就有了基本的保障。

当然，这本书讲述的内容，无论是理论，还是实操，都比我的讲述丰富得多，完全不止我上面所描述的那么简单。对于一个新手父母，这是一本恰到好处的书，也是一本大有裨益的书。新一代学习型的父母，一定能从这本书里得到更多的收获。

尤其是在当下，我们中国的父母，面临着多方面的挑战，重重压力之下，情绪多有焦虑，也是可以理解的。比如，我们每个人，往往都是第一次做父母。比如，我们既要考虑到孩子的身心健康，又要关心孩子的学习成绩。

关键是，这种种焦虑，会影响到我们的心态，也会影响到我们的家庭生活，从而影响到孩子们的成长。因为，焦虑，会通过话语，通过表情，乃至肢体语言，传递到孩子身上。这样，一个"岁月静好"的家庭气氛，就不太容易保持了。我不需要多举例子，每一个在当下为人父母者，都感同身受。

正因为如此，这本书才让我觉得是一本非常及时的书，也是一本非常有益的书。而成田教授娓娓道来的话语方式，也会让我们安下心来，一则懂得养育孩子的本质，一则也了解更多的可以立刻上手的养育方法。成田教授让我们回到生活本身，从源头上去支持孩子的成长。

而我则有别的理解。这不单单是养育孩子的问题，也是我们享受家庭生活的乐趣所在。中国的禅宗有句偈语，说，穿衣吃饭，无非是道。这本书则告诉我们，穿衣吃饭，就是最好的家庭教育。同时，这也是我们短暂一生的意义与价值之维系。

蔡朝阳

（教育学者、《我家有个小学生》作者）

前言

"培养孩子就是培养大脑"——我这样说已经有将近十五年的时间了。

作为一个一直不断学习和研究的小儿科医生,我在自己养娃的过程中强烈地感受到"培养孩子就是培养大脑"。

因为大脑发育,孩子能够转动小脑袋;因为大脑发育,孩子学会了爬来爬去;因为大脑发育,孩子可以脱离母乳吃辅食;因为大脑发育,孩子能够张嘴讲话……

由此我们也能理解,"学习"和"运动"其实是孩子大脑在基本发育之后的进一步发展。

而类似于同理心、自控力这些人们非常重视的高等心理机能,则是培养大脑的终极目标。

换句话说,培养孩子就是从孩子出生开始,在之后18年里有序、平衡地培养他/她的大脑。

其实，仔细想想，"培养大脑 = 培养孩子"的做法，古代就已有之，并绵延至今，是任何人都可以实践的。

话虽如此，为什么那些来向我咨询的家长都遭遇了失败呢？许多孩子在青春期前后开始出现大脑失调的各种症状——不好好学习、无法融入社会、缺乏热情和动力、身心不适等。他们的家长为此苦恼不已，不得不前来向我求助。而究其原因，仅仅在于，这些家长不懂得培养大脑的顺序，以及让大脑均衡发展的方法。

看看我们的社会新闻，每天都充斥着青少年所导致的毫无理由的伤亡事件、跟踪骚扰、家庭暴力和流氓行径……我想背后的深层原因就在于，这些青少年的大脑发育出现了问题。

为什么会这样？

网络上流传的各种不负责任的育儿信息恐怕难辞其咎。望子成龙的家长寻找各式各样的育儿方法来指导自己，却被这些不负责任的说法引入歧途，在培养孩子大脑的过程中犯下错误。

为了不让更多人陷入这样危险的境况，让大家了解正确的儿科常识，运用简单的方法，实现快乐育儿，我撰写了这本书。

这本书的关键词是"生活"。

在我们日复一日的家庭生活中，充满了培养大脑的重要因素。请跟着我一起来了解一下吧。

成田奈绪子

目录
contents

○ 序 穿衣吃饭，就是最好的家庭教育（蔡朝阳）/ 001

○ 前言 / 007

第1章 培养孩子就是培养大脑

○ 孩子的"成长之源"在于大脑 / 002

○ **大脑的秘密1** 大脑的各种功能 / 007

○ **大脑的秘密2** 大脑的发展顺序 / 010

○ **大脑的秘密3** 培养大脑要从培养"身体脑"开始 / 015

○ **大脑的秘密4** 培养大脑要增加大脑的突触 / 021

○ **大脑的秘密5** 血清素是培养大脑的重要角色 / 024

○ 你在正确培养孩子的大脑吗？/ 028

第2章　8岁以前孩子的大脑培养方法

1. 婴儿期（0～2岁）

○ 给予孩子五感的刺激 / 035

○ 智能手机和电视机会给大脑发育带来负面刺激 / 038

○ **通过游戏让大脑发育 1**　亲子接触就是睡眠期孩子的游戏 / 041

○ **通过游戏让大脑发育 2**　享受用身体游戏的快乐 / 043

○ **通过游戏让大脑发育 3**　带着孩子一起散步 / 045

○ 让孩子开心吃饭，促进大脑充分发育 / 047

○ 通过说话刺激孩子听觉，促进大脑发育 / 050

2. 幼儿期（2～5岁）

○ 早上7点起床、晚上8点睡觉最理想 / 052

○ 通过早餐打造大脑的活跃状态 / 055

○ 通过手指游戏刺激孩子"思考脑"的发育 / 056

○ 玩节奏游戏很重要 / 058

○ 尽情玩耍比学习更重要 / 061

○ 叛逆期和入园大哭是孩子大脑茁壮成长的表现 / 063

3. 学童期（6~8岁）

○ 通过每天的语言交流促进孩子学习 / 069

○ 使用计时器和孩子一起学习 / 071

○ 让孩子经常接触大自然，做家务 / 073

○ 减少对孩子的担心，增加对他们的信赖 / 075

第3章　好的做法·坏的做法（训练篇）

○ 培养自己准备上学用品的孩子 / 081

○ 培养每天在固定时间起床的孩子 / 086

○ 培养好好吃饭的孩子 / 091

○ 培养能热情问候别人的孩子 / 096

○ 培养能专注玩游戏的孩子 / 099

○ 培养充满好奇心的孩子 / 102

○ 培养能遵守时间的孩子 / 105

○ 培养能好好收拾东西的孩子 / 109

○ 培养孩子成为家务小帮手 / 113

○ 培养每天在固定时间自己睡觉的孩子 / 117

第4章 好的做法·坏的做法（幼儿园·学校生活、学习篇）

○ 培养能认真听老师讲话的孩子 / 123

○ 培养能向朋友表达自己想法的孩子 / 128

○ 培养喜欢阅读、能够进行逻辑思考的孩子 / 132

○ 培养孩子的阅读理解力 / 137

○ 培养孩子的"算术脑" / 141

○ 培养孩子的"英语脑" / 145

○ 培养孩子的"理科脑" / 150

○ 培养温柔、富有同情心的孩子 / 155

○ 培养意志顽强的孩子 / 158

第5章　9岁以后孩子的大脑培养方法

○ 9岁以后是大脑发育的加工期 / 162

○ 叛逆期是孩子大脑健全成长的表现 / 166

○ 引导孩子把消极面转化成积极面 / 169

○ 不要急着下结论，等孩子自己得出结论 / 174

○ 大脑培养已经失败了？亡羊补牢，未为迟也 / 180

○ 后记 / 184

○ 作者简介 / 188

第 1 章

培养孩子就是培养大脑

孩子的"成长之源"在于大脑

亲爱的读者,当你每天为了养育孩子而忙碌奔波时,想必你对孩子也抱有各种期待吧?

- ◆ 希望孩子能热情地跟人打招呼。
- ◆ 希望孩子能好好学习。
- ◆ 希望孩子拥有旺盛的好奇心。
- ◆ 希望孩子温柔体贴,富有同情心。
- ◆ 希望孩子是一个被朋友信赖的人。
- ◆ 希望孩子充满活力,坚韧不拔。

……

现在，请回顾一下孩子刚出生的时刻——你要喂他/她吃奶，给他/她换尿布，哄他/她睡觉，像连体婴一般和他/她黏在一起，度过几乎一整天。经过岁月的洗礼，到了今天，那个曾经什么都不会做的小婴儿，能做的事情是不是已经有了惊人的飞跃？

◆ 会大口大口地吃饭。

◆ 能自己准备去幼儿园或者学校的东西。

◆ 经常和朋友一起快乐玩耍。

◆ 开始能够自己换衣服。

◆ 可以和你分享幼儿园或者学校里发生的事情。

……

1岁、2岁、3岁、4岁、5岁……随着日月的流转，孩子能做的事情越来越多，表现出了显著的成长。

可是，你觉得孩子的成长之源究竟在哪里呢？

答案一语道破，就是"大脑"。

大脑能够锻炼，大脑可以训练，大脑需要刺激……类似这样的话，你可能在日常生活的许多场合都听过。

但你可知道，大脑所掌管的不仅是学习和记忆？实际上，人们的呼吸和睡眠，从身体到心灵都归它负责。

让我们从头说起，培养孩子到底培养的是什么？

没错，培养孩子就是"培育孩子的身体和心灵"。"培育孩子的身体和心灵"和"培养大脑"其实是同样的。培养孩子 = 培养大脑。

看到这里，有些家长也许会生出这样的疑问：

- ◆ "培养孩子"真的和"培养大脑"一样吗？
- ◆ "培养大脑"到底指的是什么？
- ◆ 为了培养孩子的大脑，家长到底应该怎样做？
- ◆ 让孩子从婴儿时起就开始大量学习和运动会不会更好？

……

类似这样的问题可能很多，不过，请安下心来。实际上，培养孩子健全大脑的方法，是非常简单的。

比如：

◆ 早上起床后把卧室窗帘打开，让光线进入房间，大声问候"早上好"。

◆ 与孩子一起边散步边唱歌，看到晚霞时互相说"多美丽呀"。

◆ 晚上与孩子一起做亲子游戏，共读绘本，把房间灯光调暗睡觉。

……

家长做好这样的普通小事，就可以给孩子的大脑提供有益的刺激。这些做法的重复和累积，对于培养孩子健全的大脑来说是必不可少的。

从出生到 8 岁是孩子大脑塑造的黄金时期。只要家长持续给孩子提供有益的刺激，就可以让孩子的大脑健康、稳步、快速地发展。

这 8 年所培养出的健康的大脑，将成为孩子今后生活的根基。孩子们以后还会在小学、初中、高中的学校生活和社会生活中不断接受新的刺激，可能去到非常高非常远的地方。

然后，等家长回过神来，他们可能已经进入了想去的大学，在体育、音乐或其他领域大显身手，并且可能已经远远超过出生时父母对他们的期待了。

接下来，我将介绍"让8岁以前孩子的大脑健全成长的秘诀"，这些内容非常简单。

在说明具体的技巧前，我想让各位了解一下大脑的组成和孩子大脑的发育规律。这部分内容可能会有点难，我会尽量用通俗易懂的方式进行解说。

在阅读的过程中，如果你对照孩子的样子和每天的言行，你可能会发现，原本无法理解的事情变得能够理解了，原本无法接受的行为也觉得可以接受了。

然后，你一定会冒出一些和孩子相处的新想法，也许会觉得："虽然到现在为止我们都是这样相处的，但以后不妨试着换个方式来交流。"

那么，我们就开始吧。

大脑的秘密 1　大脑的各种功能

为了让孩子的大脑健康发育，我们需要先了解一下大脑的构造和功能。

占据人类大脑最大体积的是大脑皮质，其次是小脑。大脑皮质下面最核心的部位是脑干，以及将脑干包裹起来的大脑边缘系统。大脑皮质的前方是前额叶。

现在简单说明一下各个部位的作用。

大脑皮质：负责思考

有超过 100 亿的神经细胞分布在大脑的各个皮层，它们构成了人体说话、思考等活动的中枢。

小脑：负责运动

小脑位于脑后侧，负责调节站立、指尖活动等运动机能，掌控平衡感，复制并存储大脑记忆的事情。

脑干：负责生命活动

脑干负责调节自主神经和荷尔蒙分泌，掌管视觉、听觉等反射活动以及呼吸的调整等，有维持人类生命、支配个体意识的作用。

大脑边缘系统：负责感受

大脑边缘系统是位于大脑内侧的各部分的总称，简单来说承担着人类的本能反应。愤怒、恐惧等动物性感情也是由大脑边缘系统产生的。

前额叶：负责创造

大脑皮质的前半部分是前额叶，负责认知和创造，是大脑最重要的区域之一。它像司令塔一样，帮助个体认清自身所处的环境和状况，设定并执行计划，面向未来采取行动。

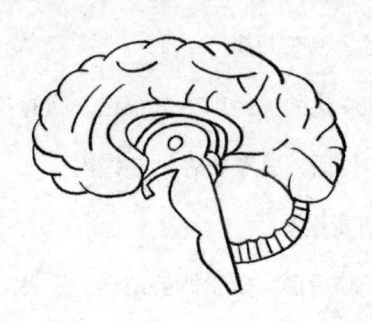

就这样，大脑的各个部位承担着各种各样的功能。通过它们的互相影响和密切合作，我们的生命得以维持运转。

大脑的秘密 2　大脑的发展顺序

新生儿的大脑大概有 500 克重,而他们的平均体重约为 3 千克,也就是说,大脑的重量约占体重的 15%。与此相对,成人的大脑重量大约有 1.4 千克,只占成人平均体重的 2.5% 左右。可见,和成人相比,婴儿大脑占据体重的百分比要高得多。

尽管如此,刚出生的小婴儿既没办法像大人一样说话,也没办法像大人一样自己吃饭,几乎什么都做不了。这到底是为什么?

理由很简单,婴儿的大脑还没有成熟,还不具备那些大脑机能。

是的。婴儿刚出生时,大脑还处于"零"的状态,之后才开始一点一点地发育。

可是,大脑到底是怎样发育起来的呢?

其实,大脑是按照三个步骤被逐步塑造的,下面我们按顺序一一说明。

步骤❶ 吃饭、睡觉、呼吸——"身体脑"的发育

大脑中最先得到发育的是前文提到的"大脑边缘系统"和"脑干"。这部分负责吃饭、睡觉、呼吸等满足人体生存最低限度需要的机能,我们称之为"身体脑"。"身体脑"的塑造主要发生在 0 ~ 5 岁之间。

"身体脑"的主要功能有以下三个:

功能 1:保持姿势

婴儿在出生 3 ~ 4 个月之后就可以自己转动小脑袋,之后慢慢学会翻身、坐起来、爬来爬去,1 岁左右可以抓着东西站起来,1 岁半的时候能够走路。在婴儿出生之后大约一年间,"身体脑"帮助他们来"保持姿势"。

功能 2：控制吃饭、睡觉

婴儿刚出生的时候，一感到饿就哭，必须要立刻喝奶。渐渐地，他们夜里喝奶的次数开始减少。5~6个月的时候，他们开始可以吃辅食。到了一岁左右，他们开始一日三餐固定饮食。

睡眠也是如此。婴儿刚出生时，不分昼夜地重复"睡觉、醒来"的过程。慢慢地，他们能够稍微集中时间睡眠，白天睡觉的时间和次数逐渐减少。接着，他们连午睡也取消了，养成"白天起来活动，夜晚睡得香甜"的生活节律。掌管他们吃饭和睡觉功能的，同样也是"身体脑"。

功能 3：调节呼吸和自主神经机能

刚出生的婴儿，呼吸和内脏活动都还不规律，"身体脑"可以调节负责此类活动的自主神经。大约一岁半的时候，婴儿开始可以调节体温，哪怕稍微有点冷或有点热，只要稍稍调整一下衣服，他们就能够保持自身的体温。

步骤❷ 说话、阅读、思考——"思考脑"的发育

"身体脑"之后,就轮到"思考脑"发育了。"思考脑"由大脑皮质和小脑来分担职责。

"思考脑"的功能有以下三个:

功能1:促进语言发展

孩子从咿咿呀呀开始,到一岁多的时候,开始慢慢能说出"妈妈""抱抱"等有意义的词语。到了两岁左右,他们可以说出类似"妈妈,吃"这样的一个以上的词。三岁之后可以进行简单的对话。使孩子语言机能得到发展的就是"思考脑"。

功能2:促进精细动作的发展

诸如涂画、写字、剪纸、折纸等需要使用手的活动,都要用到手或手指的小肌肉。"思考脑"可以协调小肌肉,促进精细动作的发展。

功能3:促进智力发展

读书、加减法运算、写文章等活动都需要"思考脑"来发挥作用,使智能全面运转。擅长学习或弹钢琴、能流

利地讲英文这些方面,都是"思考脑"在发挥作用。

"思考脑"从1岁开始发育,到18岁之前一直都在发展,其中6岁到14岁是它发展的关键时期。

大脑的秘密 3　培养大脑要从培养"身体脑"开始

为什么这么说呢?

关于从出生起就开始发育的"身体脑"和随后发展的"思考脑",请容许我具体解释一下。

我在本书开头提到了"培养孩子就是培养大脑"。

要想健全地培养孩子大脑,家长要注意的只有一件事——别弄错大脑发育的顺序和培养大脑的方法。

我们可以用建房子来打比方,说明培养健全大脑的方法。

首先,请构想一个两层的房子。

这个房子的一层就是大脑中最早发育的"身体脑",二层就是在"身体脑"之后发育的"思考脑"。

现在，请想象一下建房子的画面。如果你想建成一栋结实稳固的房子，你会按什么样的顺序来进行？

没错，显而易见你会从一层开始盖，接着才盖二层。"培养大脑"也是如此。

对于8岁之前孩子的大脑培养，最重要的事情就是先培养好位于建筑物一层的"身体脑"（步骤1），在此基础上再培养位于建筑物二层的"思考脑"（步骤2）。

培养"身体脑"需要父母让孩子做到：

- ◆ 早上起床。
- ◆ 晚上睡觉。
- ◆ 好好吃饭。
- ◆ 调整呼吸。
- ◆ 调节体温。
- ◆ 保持正确的姿势，充满活力地活动。

做到这些之后，再来培养孩子的"思考脑"，让孩子：

- ◆ 说话。
- ◆ 读书。
- ◆ 学习。
- ◆ 运动。

从而让"思考脑"负责的这些能力得到发挥。

培养大脑要从培养"身体脑"开始

步骤 ❸ 培养连接"身体脑"和"思考脑"的"心灵脑"

0～5岁之间发育的是相当于建筑物一层的"身体脑",接下来是主要在6～14岁之间得到发育的相当于建筑物二层的"思考脑"。而连接"身体脑"和"思考脑"的部位——相当于连接一层和二层的楼梯——是位于大脑前额的前额叶。这部分被称为"心灵脑"。

"心灵脑"也被叫作"社会脑""人类脑"。当个人被愤怒、不安的情绪控制的时候,考虑周围的情况,从而采取相应行动的高等心理机能就由它掌管。"心灵脑"的塑造始于9岁、10岁,到15岁基本成熟,但直到18岁前仍有发展。

人们在生活的过程中,会遭遇形形色色的困难和问题,也因此会产生后悔、委屈或者悲伤等种种感觉。即使这样,人们也不会忘记把迄今为止积累的知识经验、所见所闻和进入大脑的各式信息整理到"心灵脑"中。由此,人们能够判断出自己和周围人的关系,清楚自己所处的环境。

"心灵脑"是人类所独有的,它承担着最高等的心理机能。它的主要功能有以下三个：

功能1：培养沟通能力

通过对方的表情和声音来辨识情绪，培养和他人顺利沟通的能力。

功能2：培养能够抑制行动的自制力

"不可以做的事情坚决不做"，培养"就算难过、不甘心也要抑制某些行动"的自制力。

功能3：培养专注力和想象力

不被周围的事情打扰，把注意力集中在"此时此地"，做需要做的事情。

另外，"心灵脑"还能培养音乐和绘画中需要用到的想象力。

你觉得呢？

现在你已经了解，大脑是按照如下步骤发展的：

步骤1：婴幼儿时期发育的"身体脑" ➡ 步骤2：成为小学生后正式启动的"思考脑" ➡ 步骤3：中学完成的"心灵脑"……

为了培养孩子的健全的大脑，以父母亲为首的周围的大人要注意给予孩子大脑相应的刺激,这对于推动孩子大脑的发育是很有裨益的。

另一个不能忽略的重要事项,是"身体脑""思考脑"和"心灵脑"三者的平衡。"身体脑""思考脑"和"心灵脑"本来就是相互关联、互相影响的。三者正好构成一个正三角形,形成平衡、理想的大脑状态。

家长应该给予孩子大脑相应的刺激,推动孩子的大脑发育。同时,还需要有意识地让孩子的"身体脑""思考脑"和"心灵脑"处于正三角形状态,这样才能让孩子健康全面地发展。

第1章 培养孩子就是培养大脑

大脑的秘密 4 培养大脑要增加大脑的突触

到这里，我已经对大脑的作用和发展进行了说明。现在，请容许我解释一下大脑的神经细胞和孩子发育的关系。

我们的大脑有大约 140 亿～200 亿个神经细胞。人类身体内流动着微弱的电流，在每天的体验中，我们的神经细胞接受了各种外来刺激，经过电流传递，将接收的信息传达给周围的细胞，从而像阿米巴[①]的蔓延一样扩散开来。

将这些神经细胞连接在一起的就是"突触"。突触数量增加，神经回路就会变得更为丰富，大脑也就能更灵活地运转。

---

① 阿米巴是一种单细胞生物，可以不断分裂繁殖，扩张生存空间。——译注

我在前面提到过，刚出生的婴儿大脑尚未成熟。由于他们之前处于妈妈子宫这样缺少刺激的环境里，他们的大脑虽然有神经细胞，却几乎没什么突触。

想要让孩子大脑形成突触，家长每天重复地刺激孩子的"五感（视觉、听觉、嗅觉、触觉、味觉）"是非常重要的。在婴儿每天的生活当中，他们的眼睛看到的，耳朵听到的，嘴和皮肤接触到的东西所造成的各种刺激，不断涌入他们的大脑中，形成越来越多的突触。

我在第二章会对"五感刺激"进行更具体的说明，各位可以先从以下几方面来做一个简单了解：

◆ 让孩子跟随太阳的活动，白天起床，晚上休息（视觉刺激）。

◆ 定期给孩子喂奶、吃东西（嗅觉、味觉刺激）。

◆ 多抱孩子（触觉、嗅觉刺激）。

◆ 对孩子说话，做各种表情（视觉、听觉刺激）。

◆ 带着孩子外出，让孩子看到很多人和物（视觉、听觉、嗅觉、触觉刺激）。

通过接触各种刺激，婴儿的突触在出生之后六个月左右呈现爆发式增长，在1岁达到顶峰，之后会对无用的突触进行修剪和整理。经过这样的修剪，信息的传递变得更加迅速，大脑的机能得到进一步发展。

一个出生时既不能站立也不能行走的婴儿，慢慢可以做到翻身、坐起、爬行、站立、迈步等动作，原因就在于先前所说的"身体脑"的发展，以及突触的生成带来的大脑发育。所以说，"培养孩子的大脑"也就要"增加孩子大脑的突触"。

大脑的秘密 5　血清素是培养大脑的重要角色

大家听说过"血清素"这个词吗?

血清素是大脑中的一种神经递质,也被称作"快乐荷尔蒙"。

当身体分泌血清素的时候,个体会处于镇静、安定、身心平衡的状态。血清素能够降低不安和恐惧,改善注意力不集中和急躁、混乱的状况,带给人安心和愉悦感,是一种非常重要的神经递质。

血清素以"身体脑"为基地,产生后受到刺激会扩散到大脑的各个部分。通常认为,血清素在孩子出生后五年形成大致的联结。

另外,血清素的活跃有助于"身体脑"和"思考脑"

更良好地运转,为身心健康的生活打好基础。

那么,为了让孩子的血清素活跃,家长该对孩子施加怎样的影响?要点有以下五个:

要点1:沐浴晨光

血清素的分泌在每天早晨5点到7点达到顶峰。让孩子在旭日初升时起床,拉开窗帘吸收阳光,可以促进他们的血清素分泌。

要点2:保证充足的睡眠

夜间睡觉的时候,人体也会分泌血清素。人类大脑所需的最低限度的睡眠时间因年龄而异。幼儿园大班的孩子每天需要睡大约10个小时,小学生需要睡9个小时,初中生和高中生需要睡8个小时,而成人需要睡7个小时。

要点3:保持心的安宁

不安和压力会消耗人体的血清素。如果孩子的不安和压力过多,血清素的分泌就会自然而然减少。所以,请家长尽量不要让孩子的不安和压力累积。为了和家庭成员舒心地生活,请一起努力吧。

要点 4：运动

为了刺激血清素的分泌，适度的运动是非常有必要的。尤其是一天之中血清素分泌最旺盛的早晨时分，带着孩子去散步或者做其他轻量运动，让孩子在晨光中活动一下肌肉，对促进他们血清素的分泌非常有效。

要点 5：保证营养平衡的健康饮食

给孩子提供营养均衡的健康饮食，是促进孩子血清素分泌的关键。富含蛋白质和维他命这类营养成分的饮食，对生成血清素非常重要。

血清素对于培养健全的大脑来说必不可少，我们可以通过睡觉、吃饭、身体运动来促进它的分泌，这一点想必你已经充分了解了。

然而，近年来，越来越多的孩子体内血清素不能很好地发挥作用，以致出现身体不调或各种疾病。下面列举几种常见的由于血清素不足引发的儿童疾病。

1. **摄食障碍**

孩子的肠胃没有问题，却食欲不振，吃过的东西全都吐出来，这种不正常的饮食状况就是摄食障碍。血清素不正常是造成这种状况的原因之一。

2. 睡眠障碍

睡不着、睡得浅、早上醒得特别早等不能好好睡觉的情况都属于睡眠障碍。不仅是成人，被睡眠障碍困扰的小学生人数也一直在增加。

3. 过敏性肠道综合征

一些患有过敏性肠道综合征的人，肠道检查和血液检查都没有明显异常，却可能在满员的电车上忽然感到腹痛，或者在考试当天的早晨肚子疼，然后一直拉肚子。在初中和高中男生中间，出现这种情况的越来越多。

4. 起立性调节障碍

起立性调节障碍有很多症状。比如，早上想起床的时候起不来，就算睁开眼也觉得身体乏力，动弹不得。快速站起来的时候忽然眼前一黑，或者视线变得模糊不清；特别是早上，这种倾向会更为明显。洗完澡也很容易出现类似状况。有些人站着做事，或者上学放学在电车里站立时，可能忽然觉得恶心，无法保持站立，甚至要倒下去，严重的情况下还会失去意识。

你在正确培养孩子的大脑吗？

从"培养孩子就是培养大脑"的观点出发，我已经对大脑的功能和发展、突触及血清素进行了说明。

1. 大脑分成几个不同的部位，它们均有各自独特的功能。
2. 大脑的发展有既定的顺序。
3. 突触和血清素对大脑的健全发展必不可少。

这三点还请牢牢记在心上。

在本章的最后，我想通过具体的例子，让各位读者对"大脑培养"进行进一步思考。

第 1 章
培养孩子就是培养大脑

下面例子中的 A 君和 B 君，你认为哪一个是在培养健全大脑？

A 君，5 岁

2 岁左右开始来往于各种早教班，3 岁的时候记住了全部平假名，如今 5 岁，每天饶有兴致地提前学习小学才要求学习的汉字。只不过，早教班的作业很多，睡觉的时间只好推迟到了每天晚上 10 点左右。早上起床后精神不佳，不能好好地吃早饭。

B 君，5 岁

没有特别学习什么东西，但是从很小的时候就喜欢在外边玩，每天都和朋友们一起玩捉迷藏、躲猫猫。学习虽然不怎么优秀，可是每天都能早睡早起。因为白天进行了大量运动，夜晚自然睡得很香，每天晚上 8 点睡觉，早上 6 点起床。早饭也总是胃口很好。

看到这里，大概你的答案已经浮出水面了吧？

培养健全大脑的当然是后者。

很多人一听到"培养孩子 = 培养大脑"，就觉得这下孩子一定可以擅长学习，学好英语，踢好足球，弹好钢琴，等等，产生"才能全面开花"的错误印象。

实际上，孩子基本上是什么都会吸收内化的。在 2 ~ 5 岁前后的幼儿期，只要周围大人悉心培育，完全可以培养出像 A 君那样被大人称作"神童"的孩子。可是，这说到底不过只是"看上去很美"，实际上和培养大脑的本来目的完全背道而驰。

擅长学习，能讲英语，踢得好足球，弹得好钢琴，这些确实是大脑的工作。然而像 A 君那样，在"身体脑"该发展的 2 岁就开始过度学习，让"思考脑"拼命工作，肯定不能说是在培养大脑。第二章里将会更详细地说明，在 2 岁这种塑造"身体脑"的时期，家长一定要注意让孩子做到以下三点：

- ◆ 好好睡觉。
- ◆ 好好吃饭。
- ◆ 充分运动。

像 A 君那样，在 2 ~ 3 岁的时候就"努力学习"，是完全没有必要的。

顺便说一下，我们对 A 君和 B 君进行了后续追踪，结果发现：

3 岁就能写出全部平假名、被周围的大人称赞为"神童"的 A 君，在小学三年级的时候就经常借口"头疼""肚子疼"而不去学校。他妈妈对此非常担心，和学校进行了多次商谈，但都没能让情况改善。从四年级开始，A 君就完全不去学校了。

而从小就玩各种游戏、好好睡觉、好好吃饭的 B 君，在进入小学后，对学习产生了巨大的兴趣，每天主动学习，成绩也突飞猛进。同时他还很喜欢和朋友一起玩耍，人缘极佳。到小学四年级的时候，他已经成了班上的领头羊。

现在，请仔细看看你眼前的孩子。

你在正确培养孩子的大脑吗？

孩子的"身体脑""思考脑""心灵脑"在平衡发展吗？

"我家孩子的大脑,可能没有得到很好的培养……"

"会不会已经错过时机了?"

或许有人会像上面这样,感到不安和担心,不过,没关系。

因为人类的大脑还具备修复的能力。不管你的孩子现在几岁,你都可以调整培养方法,重新开始(我会在第五章详述)。

第 2 章

8 岁以前孩子的大脑培养方法

在第一章里,我对"培养孩子就是培养大脑"进行了说明,也提到大脑有"身体脑""思考脑""心灵脑"之分。在培养孩子大脑方面,有一点非常重要,那就是"不要搞错大脑的培养顺序"。

在这一章中,我会把培养孩子分为三个时期:

1. 婴儿期(0~2岁)

2. 幼儿期(2~5岁)

3. 学童期(6~8岁)

我将针对不同时期大脑发育的要点和秘诀进行具体说明。

1. 婴儿期（0～2岁）

跟随太阳的节律来生活

给予孩子五感的刺激

第一章里讲到，大脑中最早发育的是"身体脑"。在0～2岁前后的婴儿期，让"身体脑"得到充分发育是至关重要的。那么，为了实现这个目标，你觉得哪些行为是必要的呢？答案是"给予孩子五感的刺激"。

我在第一章里简单提到过五感的概念。所谓五感，就是视觉（用眼睛看来感知）、听觉（用耳朵听来感知）、触觉（通过触摸来感知）、嗅觉（通过闻气味来感知）和味觉（用舌头尝味道来感知）。

如之前所说，刚刚出生的小婴儿大脑尚未成熟，不过，婴儿也会有看、听、触摸、闻、品尝等行为。

请从婴儿的角度来思考"接受五感的刺激"：

- 早上起来妈妈边说"早上好"，边拉开窗帘（视觉、听觉），让阳光洒满了房间（视觉）。
- 不知道什么地方传来了悦耳的鸟鸣声（听觉）。
- 在妈妈喂完奶之后（味觉、嗅觉、触觉），爸爸开心地和宝宝讲话（听觉）。
- 想睡觉的时候哭了起来，妈妈一边安慰，一边抱起宝宝，唱起摇篮曲（听觉、触觉）。
- 晚上洗完澡，妈妈关掉房间里的灯，宝宝顺利地进入梦乡（视觉、听觉、触觉）。

你觉得呢？

所谓"给予孩子五感的刺激"，其实就是类似这样的行为，一点都不复杂。

婴儿时代最重要的"给予孩子五感的刺激"，其实就是从前那些常见的育儿操作，就是日常的生活本身。

在和婴儿一起度过的平稳生活的每一个日子里，只要家长按照正确的规则重复育儿操作，就是在培养孩子的健全大脑了。

在这里需要注意的是"按照正确的规则重复"这一点。

上一章中我们了解到，大脑里有许多神经细胞——突触，来自周围的刺激会让大脑中的突触越来越多。

但是，突触并不是毫无规律地随意增长的。打个比方，妈妈每天早上笑着对孩子说"早上好"，晚上让孩子顺利入睡，这就是"按照正确的规则重复"，会促进孩子大脑突触的生成。这样形成的粗壮、结实的突触会在孩子大脑中牢牢扎根，和其他的联结区别开来。

突触会随着孩子的成长不断增加。其中一些没有用处的突触会被修剪掉，而那些牢固的突触则会保留下来，作为健康成长的基础，一直发挥作用。

为了健全培养婴儿的大脑，"按照正确的规则重复给予孩子五感的刺激"，是非常有必要的。

智能手机和电视机会给大脑发育带来负面刺激

0～2岁的孩子主要通过和父母或其他照顾者的联系让大脑发育,并在这个过程中,慢慢习得对他人的信赖。

如果父母能注意到婴儿哭泣、注视的信号,及时喂奶或者抱起孩子,给予五感的刺激,就会让孩子觉得"只要发出信号,就会得到爸爸妈妈的回应",从而建立起安全感。

然而,这样的母亲正在增加:她们想要培养孩子的安全感,却在喂奶的时候看着手机,或者一直开着电视机,甚至用智能手机上育儿APP的画面来应付婴儿哭闹。

之前我们已经讲过,为了健全培养婴儿的大脑,按照正确的规则重复给予孩子五感的刺激,是非常有必要的。

比如喂奶的时候，妈妈可以和婴儿进行目光交流，嘴里同时对孩子说着"好喝吗？""喝了好多呀！"之类的话，这样不仅从味觉和嗅觉上给予孩子刺激，还从视觉和听觉上进行刺激，让孩子的大脑充分发展。

而如果喂奶的时候妈妈一直用智能手机查看邮件，或者一直开着电视，会有什么结果？

智能手机和电视机这样的媒介当然也可以提供视觉刺激，但是对于婴儿的大脑来说，这类刺激的强度过大，并不适宜。智能手机和电视机的画面是平面的，并且图像经常以非常快的速度进行切换，婴儿的"身体脑"还不足以应对，于是就会持续不断地刺激"思考脑"的大脑皮层。如果孩子从婴儿时期就开始过度接触智能手机和电视机，他们的大脑可能会有发育失衡的危险。

另外，用智能手机上育儿 APP 的画面来应付哭闹的孩子，很可能会误导孩子大脑的发育。婴儿在出生后 8 个月左右能够使用手指，如果眼前有手机，他们就可以自己划动屏幕，切换画面。可是，如果父母只是塞给婴儿一个智能手机，然后就不管不顾，那么孩子在这个时期内应该做的许多可以刺激"触觉"的行为，诸如用手捏、翻或者感知物体大小或手感等，就缺失了。

这个时期的孩子是通过不断重复和父母的互动，来建立对人的信任感的。如果父母总是盯着手机和电视，那么就算孩子一动不动地看着爸爸妈妈，也没人会注意到孩子发出的信号，给予孩子适当的回应。这样也不利于孩子安全感的建立。

当然，智能手机和电视都是让我们的生活变得更加便利的工具，并非绝对不能使用。不过，为了培养婴儿时期最重要的"身体脑"，父母还是应该注意，别老是被手机和电视占着，尽量把使用它们的时间固定下来，别在像喂奶这样的时候看。父母有必要意识到这个问题，并且有意控制一下自己的行为。

通过游戏让大脑发育 1　亲子接触就是睡眠期孩子的游戏

许多育儿书上都写着"孩子都喜欢游戏""和孩子一起玩""通过和孩子做游戏,让他们的身心得到发育"……可是刚出生的小婴儿几乎整天都在睡觉,到底能玩些什么呢?新手爸妈们大概都苦恼过这个问题。

的确,大家很难想象,如何与既不能掌控自己身体也不能说话的新生儿一起玩。

其实,在婴儿时期,家长不必勉强觉得"不和孩子玩不行",换个思路,能"高高兴兴地陪着孩子"或者"和孩子一起做些活动"就够了。

对于处于"睡眠期"的小宝宝,家长可以进行以下尝试:

◆ 给婴儿喂奶、换尿布、洗澡的时候，嘴里多说些类似于"喝得真多呀""现在给你换尿布啦，心情舒畅了吧""要进澡盆了哟"之类温柔的话语。

◆ 握握婴儿的小手和指头。

◆ 轻轻地捏捏脸蛋，摸摸婴儿身体的各个部位。

◆ 和婴儿目光交汇并微笑。

这些交流全都算作游戏。重复操作的话，婴儿会产生"和爸爸妈妈在一起很开心"的安全感，大脑也会快速发展。

通过游戏让大脑发育 2　享受用身体游戏的快乐

小婴儿看上去每天都只是睡觉,实际上他们在慢慢变得能够控制自己的身体,比如转动脑袋、翻身、坐起来、爬来爬去……父母还可以带着婴儿进行以下游戏:

- ◆ 在爸爸妈妈的膝盖上跳来跳去。
- ◆ 举高高。
- ◆ 敲鼓。

通过这些用身体参与的游戏,让宝宝的大脑发育起来吧!

此外,在这个时期的孩子特有的发展中,以爬行为例，爬来爬去能够促进孩子运动联合区的发展，而这个区域的发展又可以促进突触的形成。因此，爬行对孩子来说有重大意义。换句话说，让孩子多爬有利于他们大脑的活性化。

当婴儿可以很熟练地脸朝下趴着之后，父母就可以结合他们的情况，让他们开始练习爬行了。只是一定要注意，万万不可强迫孩子。如果孩子表现得很不情愿，别别扭扭，甚至哭了起来，那就要立刻停止。

婴儿学会爬之后，父母可以在他们前边不远处放置玩具，来鼓励他们往前再爬一下。让孩子在家里自由地探索，帮助他们的大脑健全地发展吧！

通过游戏让大脑发育 3　带着孩子一起散步

孩子会站立和行走之后,父母要多带着他们出去活动。仅仅是和孩子在家附近一起散步,对孩子来说就是在进行连续的新探索、新发现了。

虽然这时孩子还不能说话,父母也要多对他们讲"风吹得好舒服呀""云在动呢""你看那里有一只小猫"之类的话。让孩子听到各种各样的词汇和声音,也是在为他们下一步要发展的"思考脑"的成长加分。

等孩子能够走得很好之后,家长就可以喊着"等等我等等我",来和他们玩你追我赶的游戏,或者一起玩球类游戏了。在重复的过程中,孩子可以慢慢控制向别人抛球的力度,腰腿变得结实起来,平衡感也得到提高。

在孩子的脚步还不是很稳当的时候，父母往往因为担心孩子会受伤，忍不住在他们还没跌倒的时候就赶紧伸手抱住，犯下因为担心危险而阻止孩子去体验的错误。实际上，让孩子体会"疼""热""冷"，以及在要跌倒的时候尝试自己控制姿势，对于他们大脑的进化来说都是必不可少的。

所以父母需要留心，别对孩子干预太多，在不危险的地方让孩子自由地跑来跑去。即使孩子偶尔会有摔倒擦伤或者撞了一下，也是在获得更多的感觉刺激。

让孩子开心吃饭，促进大脑充分发育

0～2岁孩子会逐渐从母乳、牛奶向辅食、普通饮食过渡。

对于大脑的发展来说，营养均衡太重要了，而在这个时期中，家长最需要注意的莫过于让孩子"开心吃饭"。在"肚子一饿就要吃"的喂奶时期，做到这点或许有点困难；但是到了辅食阶段，这一点就容易多了。有着食物香气和味道、口感的辅食本身就是一种刺激，是培养孩子大脑的绝好机会。

在宝宝可以吃辅食后，家长最好把吃饭的时间保持在固定的时间段。同时，妈妈用笑容和话语让孩子觉得"吃饭很快乐"，也很有必要。

到了宝宝开始吃两顿饭的时候，家长应该保证一天中至少有一次全家人聚集在一起吃饭。毫无疑问，爸爸妈妈的交谈可以促成孩子大脑的发育；而让孩子参与到对话中也会对他们形成良好的刺激。所以，一起吃饭的时候，不妨温柔地和孩子说"很好吃，是吧？"之类的话。

这个时期，很多妈妈因为孩子用手抓着吃或玩着吃而感到苦恼。其实，用手抓着吃、玩着吃完全不应该成为我们的烦恼，因为这个过程锻炼了孩子手指的灵活性，是孩子想自己吃的心情的体现。

不要因为怕孩子把食物弄得到处都是，就让他们按照妈妈的意愿来吃，而要想办法把食物处理得好抓一些，比如把面包弄成棒状，让孩子能自己拿着吃。

对于孩子偶尔的边玩边吃、边走边吃的行为，家长不用细究，告诉孩子"你已经能自己吃咯""吃饭的时候不要动来动去哟" 就可以了。全家一起吃饭的过程含有刺激婴儿五感的许多要素，所以吃饭时请关掉电视机，尽情享受谈话的乐趣。

第2章
8岁以前孩子的大脑培养方法

通过说话刺激孩子听觉，促进大脑发育

在婴儿期，继"身体脑"之后，孩子的"思考脑"也开始慢慢发育。为了促进孩子"思考脑"的发育，来自父母语言的刺激可以说至关重要。

为人类所独有的语言是大脑最高等的机能之一，家长应在孩子小时候就给予他们丰富的语言刺激，促进孩子大脑突触的联结。

孩子在一岁之后开始说"爸爸""妈妈"这类有意义的词，两岁左右可以像说"吃香蕉"这样把两个词连起来说，三岁左右句子中能够出现三种元素。从孩子能说两个词开始，父母就可以有意识地多讲"有狗狗""球球不见了"这样有两种元素的句子，用与孩子的语言发展能力相

匹配的话来和他们沟通，形成更有效的刺激。

另外，当孩子说话中出现婴儿语或者口齿不清、吞掉助词等情况时，父母应在回应的时候尽可能清楚地重说一遍，做到主语、谓语明晰，发音准确。父母形成这样的意识，对于孩子的语言发展是非常有利的。

孩子通过听觉接触到大人的语言，对于他们的大脑来说是很有益的刺激。就算孩子还不能熟练运用这些词汇，也不用担心，因为这是在帮他们塑造掌管语言的基础神经回路。所以，请充分享受和孩子之间的语言交流吧！

2. 幼儿期（2～5岁）

确立"早睡、早起、早餐"的习惯，培养觉得"没关系""不要紧"的"元气大脑"

早上7点起床、晚上8点睡觉最理想

在婴儿期，让孩子保持固定的生活节奏，在早晨太阳升起时起床，白天运动身体，晚上天色变暗后睡觉，是最为理想的。为了促进"快乐荷尔蒙"——血清素的分泌，让孩子早上沐浴晨光，保证高质量睡眠非常重要。我之前也就其重要性做过说明。

幼儿期持续的早睡早起，对于孩子大脑的发育来说极其重要。

对于成人来说，大脑所需最低限度的睡眠时间是每天7小时，初中生和高中生是8小时，小学生是9小时，幼儿园大班孩子是10小时。

就像之前说明的那样，良好的睡眠可以促进血清素的分泌。另外，晚上11点到凌晨2点间是幼儿和小学生的脑下垂体分泌成长激素的时间，所以如果晚上10点还未进入熟睡状态的话，成长激素就没办法充分分泌。而为了在晚上10点进入熟睡状态，不晚于9点钟睡觉就很有必要了。

将这些因素都纳入综合考虑的话，幼儿期孩子"早上7点起床，晚上8点睡觉"这样的周期可以说再理想不过了。

对于作为上班族的妈妈来说，让孩子晚上8点就上床是件非常困难的事。但是，如果妈妈下班比较晚的话，不妨灵活一点，晚上简单吃些饭团或者纳豆饭，也不必非得给孩子洗澡了。比起吃饭和洗澡，让孩子晚上早点上床睡觉才是第一优先级。

如果爸爸晚上回来得很晚，不管是把睡着的孩子弄醒，还是和快要睡觉的孩子玩游戏，都会造成孩子过度兴奋，难以入睡，所以还请爸爸们对此多加注意。

比起夜里和孩子一起玩，一家人早上都早早起床，有充分的聊天和互相接触的时间，对孩子大脑的发展更为有益。

这样做，爸爸妈妈每天都会很辛苦，但是如果他们能够合力保障孩子的良好睡眠，就可以帮助孩子打造好"身体脑"。如此，孩子上小学后，每天不用大人叫也可以自己起床，不用大人催促也可以自己睡觉了。

通过早餐打造大脑的活跃状态

和"早睡早起"一样重要的是"早餐"。

大脑的能量来源是葡萄糖,葡萄糖在人体内并不能大量储存,很快就会存量不足。而且,因为身体就算在睡梦中也在消耗能量,所以早上起床的时候,不管是大脑还是身体,都处于葡萄糖不足的状态。

早上好好吃早餐,可以为孩子补充以葡萄糖为代表的多种营养元素。孩子的胃和大肠开始蠕动,体温上升,生成上午活动所需要的能量,大脑也开始活跃起来。

能量的主要来源是米饭、面包这样的碳水化合物,身体必不可少的蛋白质可以从鸡蛋和乳制品中获得,水果和蔬菜可以补充维他命。均衡摄入这些营养元素,可以提升大脑的活性化水平。

通过手指游戏刺激孩子"思考脑"的发育

这个时期,孩子慢慢开始能够用剪刀剪纸、画画、折纸了。幼儿园和托儿所也会集体开展需要用到手指的各种活动。

锻炼手指的灵活性和灵巧运用指尖的能力,对于幼儿期孩子的大脑发育有很大影响,能显著促进大脑的开发。

那些能够充分发挥手的作用、手指十分灵活的孩子,会发展出一定判断力,根据要做的东西选择相应工具,也能更积极主动地对很多事情发起挑战。当他们做不到某事的时候,也有足够耐心去独立思考,考虑怎样才能把问题解决掉。同时,他们的好奇心和沟通能力也会得到提升。

要培养孩子手指的灵活性，既不需要教科书，也不需要很多玩具，只需要家长：

- ◆ 在准备吃饭的闲暇时间，和孩子比赛用筷子夹豆子。
- ◆ 和孩子比赛用细绳串起有孔的玻璃珠子。
- ◆ 配合音乐，和孩子一起玩亲子指尖游戏。

在日常生活中享受这些锻炼手指灵活性的亲子游戏就足够了。终极秘诀还是在于"享受"。不要在孩子做不到的时候着急责备，说："怎么这么笨！""为什么这么点儿事你都做不好？"这样只会让孩子的大脑萎缩。

父母和孩子一起开心地玩，会让孩子的大脑受到有益刺激，这种刺激会在他们的"身体脑"和"思考脑"之间建立起强有力的联系，帮助大脑充分发育。

玩节奏游戏很重要

我已经就婴幼儿时期必要的"早睡早起"和"好好吃早饭"进行了说明。还有一件事也对这个时期的大脑发育非常重要,那就是节奏游戏。

平成 20 年(2008 年),文部科学省做了"关于改善孩子生活节奏的调查研究(婴幼儿时期研究)",进行了通过节奏游戏唤醒元气大脑的实验。

这个实验证明,对于婴幼儿时期的孩子来说,除了建立"早睡、早起、早餐"这样的生活规律之外,在每天的生活中加入"节奏游戏",根据节奏进行各种身体活动,也能够促进大脑发育。

实验在茨城县内的两个托儿所,以及入所幼儿的家庭中进行。在节奏游戏达人、"节奏音乐研究所"主持者卡姆西老师的指导下,各个家庭用心实践"早睡、早起、早餐"的生活,托儿所保育活动里也加入了配合节奏进行身体活动的内容。大约三个月后,研究者对孩子们的大脑机能进行了测评,结果发现孩子们出现了以下三个改变:

◆ 心跳拍数下降,精神状态变得更加镇定和放松。
◆ 自主神经活动提升,能够活力满满、生机勃勃地活动。
◆ 自主神经的平衡得到调整,紧张得到缓解。

这一事实表明,短短三个月的时间,通过改善生活习惯,每天进行有节奏的身体活动,就能促进大脑发育。

另外,人们还发现,进行节奏游戏的时候,孩子们前额叶的活动也变得更加活跃了。

位于大脑皮层的前额叶是人类脑中掌管最高等机能的部分。在幼儿时期给予这个部分充分刺激,可以促进大脑活性化，帮助孩子的认知、短期记忆、逻辑思考、空间认知等各种机能得到发展，是非常有益的。

通过这个实验，人们还发现，有意识的在每天生活里进行节奏游戏，不但可以让孩子大脑得到发育，还能减轻监护人的育儿焦虑和抑郁感。和以前相比，他们的精神状态更加稳定。

可见，调整孩子的生活节奏，和他人分享关于大脑运作的正确知识，充分享受节奏游戏，不但有益于孩子，还能帮助父母保持愉快的心情。事实证明，只是这样做就能够让孩子的脑和心得到健全发育。

家长在进行节奏游戏的时候，可以边唱《握紧手，张开手》《阿尔卑斯山一万尺》这些耳熟能详的童谣，边和孩子配合节奏进行亲子游戏，这样就足够了。一边享受亲子游戏的快乐，一边来帮助孩子的大脑充分发育吧！

尽情玩耍比学习更重要

不少家庭为了让孩子能够独立做很多事，在幼儿时期就开始让他们学习各种东西。

大多数学习都要用到"协调运动"的大脑功能。所谓协调运动，就是把不同的动作集中起来做的运动。比如人跳绳的时候，要一边用手抡绳子，一边找准时机跳跃；游泳的时候，要同时用手和脚保持平衡向前推进。这些都属于协调运动。

如果从大脑发育的顺序来看"协调运动"的话，它正好处于联结"身体脑"和"思考脑"的阶梯部分。

在这个时期开始学习，从大脑的成长角度来看似乎合情合理，但此时孩子的身体还在成长过程中，骨头和肌肉还不够结实，如果重复激烈的或超负荷的运动，反而可能妨碍孩子的健康成长。

这个时期，父母只需要在合理范围内让孩子学习自己喜欢的东西就可以了。而且，不要一直让孩子一个人学习，父母也应经常关心下孩子的学习情况，时不时地和他/她一起做下练习，共同体会其中的乐趣。

其实，就算不特意让孩子学什么，捉迷藏、躲猫猫、爬树这些传统的游戏也是"协调运动"，是最能锻炼大脑的。

父母与其每周规定几天来让孩子练习指定的动作，倒不如保证孩子和同伴在外边自由玩耍的时间，这样他们的身体可以更好地运动。

叛逆期和入园大哭是孩子大脑茁壮成长的表现

　　幼儿期的孩子都要上幼儿园或托儿所,在集体生活中通过自我主张和忍耐来学会控制自己。可是这个时期的孩子经常出现不愿意去幼儿园,或者入园时号啕大哭的情况,想必有不少妈妈因为这个苦恼不已。其实,孩子的不情愿和大哭正是大脑飞速发展的表现。

　　是的,你没有听错。孩子表现出来的叛逆是大脑健全发育的表现。所以,对培养孩子鼓起信心吧,别抱怨孩子不配合,而是把这个当作培养孩子大脑的绝好机会。

　　举个例子,当你和孩子在公园里玩了一阵子,应该回去了,可是孩子就是不愿意,想要继续玩的时候:

妈妈："这样啊！宝贝现在还不想回去。为什么不想回去呢？"

孩子："我想再玩会儿沙子。"

妈妈："想再玩会儿沙子呀，玩沙子是很开心哦。可是妈妈想去买东西做晚饭了。要是在外边一直玩到天黑的话，你觉得会怎么样呢？"

孩子："天黑了很吓人，不想去买东西了。"

妈妈："是呀！那我们就在这个表的指针指到3的时候回去吧。"

……

对父母来说很头疼的叛逆期，换个角度看，就是孩子真我流露的时期。当你遇到孩子叛逆的时候，不妨换个角度想想，"原来这孩子还有这一面啊"，如此来感受孩子的个性，同时用交谈引导孩子说出心里话。

孩子在要去幼儿园的时候号啕大哭，也是他们大脑发育的结果，因为大脑中的"爱"在起作用，让孩子不想和最爱的妈妈分别。所以妈妈与其烦恼，不如认为这是自己之前教育孩子的极大成功。

在幼儿园和孩子分开的时候,如果孩子哭了,妈妈可以微笑着告诉孩子:"我会来接你的。""要加油哦!"然后马上离开。

只要妈妈流露出"安心""没关系"的表情,孩子就能够安下心来。

一直用这样的态度对孩子,孩子就会明白,妈妈不是要抛弃自己,没有关系,从而克服心里不安的情绪。

如果孩子的心里怀着巨大的不安,他们的思考就会停滞,大脑也不会发展。所以在幼儿期,让孩子即使感到不安,也能安慰自己"没关系""不要紧",是非常重要的。

当你的孩子因为某种原因而感到不安,你可以有意识地鼓励他/她告诉自己"没关系""不要紧",引导孩子积极地向前看。

3. 学童期（6～8岁）

不要"因为是小学生了"就改变，减少对孩子的担心，增加对他们的信赖；不要让孩子陷入作业和补习班中，确保孩子每天9个小时的睡眠时间

从幼儿园或托儿所毕业后，孩子该进入小学了。原本以游戏为中心的生活，开始加进了"学习"这个新要素。许多父母会觉得，应该以此为契机调整孩子的生活，从今以后必须以学习为中心。

这确实是一个非常重要的转折点。不过，我仍然希望大家注意，不要小学才一开始，就过分地让孩子以学习为中心。

由于日本社会近些年来对宽松教育的抵制，如今学生的作业又开始多了起来。以进入小学为契机开始学习才艺，往返于补习班的学生也多了起来。结果，被困在才艺学习、补习班和学校作业中的孩子越来越多，他们不得不

坚持到很晚才休息。而早上上学的时间又是固定的。因此很显然，越熬夜，孩子的睡眠时间也就被侵占得越厉害。

很多孩子拼命地想要去适应学校的新环境，因为学校生活和才艺学习而疲惫不堪，却仍然不能满足父母的期待。他们的父母对此由着急，到焦躁，到发怒。这导致孩子越来越厌烦，不想完成任务，消磨时间。而家长看到这些，更加怒火冲天……这样就陷入了恶性循环。

如果孩子睡眠不足，可能早上起床就开始心情急躁，身体乏力，注意力也不集中。这不只会对他们的身心产生不良影响，好不容易学到的东西也难以留存在大脑中。

为了小学生的身心健康，每天最低9个小时的睡眠是必不可少的。这一阶段，父母与其要求孩子把学习放在第一位，不如延续幼儿期确立的早睡早起的生活规律，让孩子在每一天的同一时间就寝。

高质量的睡眠对于孩子的学习和记忆的整合起着重要作用，白天在学校学习的内容和经验，能够在晚上的睡眠时间得到整理和记忆。孩子每天好好睡觉，头脑自然会变得更聪明。

通过每天的语言交流促进孩子学习

6～8岁是"身体脑"成长的最后阶段,也是"思考脑"加速发育的时期。对于这一阶段的孩子来说,最重要的任务是好好培养大脑皮质。为此,父母要注意以下三点:

1. 不要打破"早睡、早起、早餐"的生活规律。
2. 与孩子进行大量的语言交谈。
3. 让孩子自由地活动手脚,尽情地运动。

做到这几点就够了。是不是很简单?

家长不要只盯着孩子的学习,一直为孩子的作业和学习焦虑不安，而要把生活的重心放在孩子每天的饮食、睡眠和游戏上，还可以和孩子大量交谈，来促进他们大脑的发育。

每天的生活，才是和学习紧密相关的宝库。

"味增汤里放的到底是什么东西？"

"盘子里有9个小西红柿，如果3个人分的话，每个人拿3个行不行？"

"这个大蛋糕要平均分给8个人，怎么分才好？"

类似于这样的谈话，怎样开展都可以。而且，就算孩子给不出正确的解答也没关系。对孩子来说，和喜欢的人一起重复让人享受的有趣的对话就可以帮助大脑发育。这也有助于他们将来的学习。

"家里的事你什么都不用做，把心思放在学习上！"父母这样逼着孩子在自己眼皮底下学习，其实毫无意义。相反，那些每天快乐生活，经常与父母交流，能够从生活中学习的孩子会拥有更强健的大脑，也能做到自主学习。

使用计时器和孩子一起学习

对于坚持要求孩子认真完成每天作业的妈妈们,我推荐使用计时器的学习方法。

对于低年级的孩子来说,首先要养成学习时间在桌子前坐好的习惯。这时,就轮到计时器出场了。一开始可以设定成 10 分钟。

"在计时器响之前,要努力练习完三个汉字哟!"
"来加把劲儿做完三行算数练习吧!"

这样和孩子约定好,10 分钟后再来看看孩子完成的情况。

如果孩子没用 10 分钟就完成了作业,妈妈可以大力夸赞孩子:"太厉害了!10 分钟没到就做完了!""非常棒!""今天很努力哟!"这样认可孩子的话会让孩子更加自信。

还可以在第二天和孩子商量:"昨天在 10 分钟内练习了三个汉字,今天要不要挑战一下完成四个汉字?"这样来逐渐提升孩子的速度。另外,也可以和孩子定下规则,允许孩子在 10 分钟集中学习后做些自己喜欢的事,让孩子感觉到张弛有度,萌生出要努力的想法。

让孩子经常接触大自然，做家务

大自然里有数不胜数的对五感的刺激。

- ◆ 观看日出日落。
- ◆ 在海边或河边钓鱼拾贝。
- ◆ 养花种菜。
- ◆ 捉蝴蝶，捕蜻蜓。
- ◆ 凝视星空。

在学童期，让孩子充分获得这些自然体验，能给予孩子丰富的五感刺激，促进他们大脑的发育。

此外，我非常推荐在这个时期让孩子养成帮忙做家务的习惯。

小学生在经济方面当然还无法自立，需要依靠父母。但是，精神方面也一味依赖父母的话就不妥了。让小学生在家中帮忙做一些家务，可以促进他们精神层面的自立。家长可不要错过这个教育的良机。

小学低年级的孩子可以负责做以下家务活：

- ◆ 遛狗。
- ◆ 吃饭前摆盘子，吃饭后收拾餐桌。
- ◆ 给植物浇水。
- ◆ 打扫玄关、厕所、浴室等地方。
- ◆ 收衣服，叠衣服。

类似这样的孩子可以做的家务还有很多，请让孩子多多参与进来吧。

减少对孩子的担心,增加对他们的信赖

我们养育孩子的目标是:当孩子长大以后,能够凭借自己的力量拥有幸福的人生。

为了实现这个目标,我们应该怎样做呢?

是从小学低年段开始就让孩子埋头学习,成为学霸吗?答案是否定的。

这个时期,最重要的事情是让孩子拥有独立思考的能力,能和周围的老师同学进行良好的沟通。为了做到这一点,父母需要倾听孩子,理解孩子,帮助孩子实现精神层面的自立。

我在演讲中经常向家长传达这样的观点:

- 对孩子的"担心"和"信赖"加起来总共是100分。
- 随着孩子的成长,要不断减少"担心"的比例,增加"信赖"的比例。
- 孩子18岁之后,如果"担心"的比例跌到0附近,而"信赖"接近100,那么孩子最接近自立的状态。

打个比方,刚出生的小婴儿自己还什么都不会做,那么妈妈的"担心"就应该是100,而"信赖"是0。

随着孩子大脑的发育和身心的发展,他们能做的事情逐渐增加,也对自己越来越有信心。这个时候,父母的"担心"就应该逐渐减少,给予孩子更多的"信赖"。

这样来看的话,在"身体脑"继续发育,"思考脑"飞速发展的小学低年级,也就是孩子6~8岁期间,妈妈有70分的"担心"、30分的"信赖"虽然也没什么问题,但是"信赖"的比重应该慢慢增加为宜。

以作业为例。

这个时期的孩子都知道作业是必须完成的任务。所以,父母不要因为"担心"孩子的作业就提前催孩子"赶紧写作业"。给予孩子"信赖"，在旁边保持观望的态度就可以了。

作业之外的事情也是一个道理。

就算孩子遇到了问题，父母也不要因为"担心"就提前告诉孩子"你要这么做"，把自己的想法强加给孩子。请先从"信赖"孩子开始，问问孩子是怎么想的。哪怕要花更多时间，也要去尝试理解孩子的想法，和他们产生共鸣。在此基础上再说出自己的思考，提示孩子解决问题的线索。

"该怎么靠自己的力量解决呢？"培养孩子这样进行独立思考的习惯，让孩子的大脑健康成长吧。

第 3 章

好的做法・坏的做法（训练篇）

本章听取了众多父母想要把孩子培养成何种样子的声音，以此为基础，对日常生活中如何锻炼孩子的大脑，哪些是好的做法，哪些是坏的做法，进行了具体的说明。

我的女儿现在是高三学生，我也会在本章穿插着讲一些她的真实故事，供大家参考。

培养自己准备上学用品的孩子

◎ **好的做法**

信任孩子,关注他们的上学准备

◎ **坏的做法**

怕孩子忘带东西,父母越俎代庖

好的做法

信任孩子,关注他们的上学准备

孩子上小学后,会把第二天的课程表和需要的物品记在联络簿上带回家。在孩子适应之前,父母可以和孩子一起看联络簿,并根据情况帮助孩子做准备。随着孩子慢慢习惯，父母也应该逐渐放手，让孩子一个人做准备工作，自己只需要在旁边默默关注。如果孩子做得很好，可以及时表扬，给予孩子充分的肯定。

当孩子习惯了学校生活，自己能顺利地做好上学准备之后，父母就可以从这里开始表现对孩子的信赖了。早上最多提醒孩子上学前做下检查，看看有没有落下什么东西，让孩子自己来做准备。

有的时候，父母可能会在孩子上学前注意到他们忘了东西，这个时候，睁一只眼闭一只眼当没看见就行。

因为忘带东西而苦恼的应该是孩子自己，而不是家长。

当孩子有过丢三落四的经历，他们会自己从中学习，思考是什么原因造成的，下次要怎样做才能不再犯错。

即便父母发现孩子忘带东西了，也可以让孩子在学校里自行应对。等孩子回来的时候，再若无其事地询问："是不是忘带东西了？"问问孩子是怎么发现忘了东西，又是怎么处理的。

孩子也许会回答"被老师批评了"，或者"虽然忘了带东西，但在课堂上没用到"，等等。听听孩子怎么说，再把话题导向"要怎么做,明天才不会忘带东西"。然后,孩子也会自己思考,到底怎么做最好。如此重复几次,不知不觉间,孩子就能一个人做好准备了。

我的女儿一直到小学六年级都有一个绰号——"忘带东西大王"。我都不知道到底接到过多少次老师的电话了。不过我虽然会给老师道歉,却并不会因此责骂孩子。

有一天,我委婉地问女儿:"你老忘带东西,不会造成什么麻烦吗?"

女儿听了很惊讶,说:"可是我的朋友们都很好啊,他们会借给我的啦!"

你不认为这是一个重要的发现吗?

我女儿因为忘带东西,发现了朋友的善意,从而有了珍贵的体验。这样的经验绝对会让孩子从中学到许多。

顺便说一下,在那之后,我女儿升入了初中,忘记带东西的事情几乎没有了。

因为在初中,要参加自己喜欢的学校活动,及时提交材料是最起码的要求。于是女儿忘带东西的毛病,就自然而然地消失了。

就是如此。

只要大人有这个意识，就不会有问题。在那个特殊的时间点到来之前，父母且放宽心，在一旁观察就可以了。

把孩子的上学准备工作交给孩子自己来完成，培养他们的自立精神吧！

坏的做法

怕孩子忘带东西，父母越俎代庖

培养孩子自己做准备、不丢三落四的反面做法是，父母害怕孩子忘带东西，于是不让孩子自己准备，而越俎代庖，替孩子代劳。

父母插手过多，会导致孩子最后应付不了的事情越来越多。这些孩子也许能做到交代给他们的事，但是却会变得失去自主思考的能力，不会主动采取行动了。

因此，父母就算发现孩子忘带东西了，也不要说什么。偷偷地把东西放进去，也是不可取的做法。像之前说过的那样，让孩子体验因为忘带东西而产生的挫败感就好。

对于不适合让孩子产生"挫败体验"的场合，可以提醒一下孩子是不是真的带齐东西了，有没有忘掉什么，让孩子自己去检查。

培养每天在固定时间起床的孩子

✅ **好的做法**

让孩子保持晚上 9 点睡觉的习惯,保证充足的睡眠时间

❌ **坏的做法**

让孩子学习到深夜,生活作息不规律

> **好的做法**

让孩子保持晚上 9 点睡觉的习惯,保证充足的睡眠时间

想要让孩子每天早上固定的时间自己起床,首先要保证他们有充足的睡眠时间。

第二章提到过,大脑健全发育所需的每天最低限度的

睡眠时间，幼儿园大班孩子是 10 个小时，小学生是 9 个小时（更理想的是大班孩子 11 个小时，小学生 10 个小时）。

从生物学角度来说，人类也是动物，因此只要获得了充分的睡眠，我们的"身体脑"就能够自己醒来。所以，只要确保孩子的睡眠时间，让大脑得到休息，早上孩子就会做到自然醒。

话说回来，孩子起床之后，到去幼儿园或学校之前，到底该预留多少时间才合适呢？

我曾在演讲的时候向妈妈们询问，了解到许多家庭中，孩子都是早上 7 点起床，7 点 40 分左右出门。请想想看，孩子要在早上 40 分钟的时间里彻底醒过来，换好衣服，吃完早餐，上完厕所，确认没落下什么东西……这一系列的动作，他们能够完美完成吗？就算是我们大人，不集中精力迅速行动，大概都很难做到。

为了让大脑在作为"一日之始"的早晨充分地实现活性化，重中之重是花足够的时间好好吃饭。以此为基点，从早上起床到出门，最少也要留一个半小时的时间。换句话说，为了孩子大脑的健全发育，想要让他们在早上 7 点半出门，家长先得保证他们在 6 点钟起床。

这样进行倒推的话，就自然地得出这一基本规则：为了让孩子早上畅快地醒来，应该让他们"在前一天晚上 9 点入睡"。

想要让孩子每天在固定的时间自己起床，让他/她的大脑保持活跃，那么，让他/她养成晚上 9 点睡觉的习惯，保证充分的睡眠，这是非常重要的。

为了实现让孩子晚上 9 点睡觉的目标，来改变家里晚餐和洗澡的时间，调整一下夜生活的节奏吧。

坏的做法

让孩子学习到深夜，生活作息不规律

有些幼儿园会根据不同的月份来调整入园时间，一些月份是 9 点入园，一些月份是 10 点入园。在 10 点入园的月份，有些家庭会觉得熬一下夜也没关系，于是就让孩子前一晚迟点睡觉，第二天早上 8 点左右再起床。这种生活方式其实非常不利于孩子大脑的活性化。

就算入园时间有变动，也应该让孩子保持晚上 9 点睡觉、早上 6 点起床的习惯。请爸爸妈妈们务必把这点牢记心上。

另外，遇到孩子早上起不来的情况，请家长先回顾一下，是不是孩子前一天晚上睡得太晚，以至于睡眠时间不足了。有些家庭把学校和补习班、才艺班的作业和学习放在第一位，为了完成任务而推迟孩子上床的时间，这种做法是十分荒谬的。

第二章里提到过，成长激素是在夜间睡觉的时间分泌的，因此孩子最好能在晚上 10 点之前进入熟睡状态。仅仅是孩子晚上 10 点还醒着这一点就妨碍了他们的大脑朝着更健康的方向发育。这并不是危言耸听。

对于早上不能自己起床的孩子，有些妈妈有一种"我必须叫醒你"的责任感，每天都叫孩子起床。这样持续下去，孩子会觉得早上被妈妈叫起来就好了，结果长大后还是不能自己起床。

因此，不要轻易下结论，认为孩子早上就是起不来。还是努力想一想，到底怎样做才能让孩子自己起床吧！

培养好好吃饭的孩子

◎ **好的做法**

规律生活，孩子一天只吃一次零食

◎ **坏的做法**

让孩子随便吃零食，诱发摄食障碍

好的做法

规律生活，孩子一天只吃一次零食

家长如果想让孩子好好吃饭，就需要让孩子在吃饭前有饥饿的感觉。

怎样才能达到这个目的呢？答案很简单。

- 规律地生活。
- 只允许孩子一天吃一次零食,不能拖拖拉拉地一直吃。

能做到这两点,大体就不会有什么问题了。

我们一般都是一日三餐,在早、中、晚三顿饭中,我推荐把早餐放在最重要的位置,午饭和晚饭可以相对简单一点。

在我家,女儿经常承担做早餐的责任。她的早餐食谱是这样的:

- 米饭(五谷米)、满是蔬菜的蔬菜汤和味增汤。
- 一两样小食,如水煮鱼/油炸食品/凉拌豆腐/烤鱼/纳豆/烧卖等。
- 焯蔬菜(西兰花和胡萝卜必不可少,再加上一些时令蔬菜)。
- 蔬菜炒肉。
- 酸奶+香蕉。
- 当季水果。

◆ 偶尔配以蛋糕等甜品。

这样就做到了分量十足，营养满分。

我家一直都在践行"早睡、早起、早餐"的理念，不管是女儿还是我，最晚9点一定会就寝。有时我们夜里2点～3点就起床，女儿学习，我继续自己的工作。因为前一天的晚饭吃得比较简单，早上起床的时候往往饿得不行了，所以无论吃什么都觉得格外好吃。

认真吃上一顿可口的早餐，能唤醒我们的身体和大脑，帮助规律排便，促进大脑的活性化，从而顺利开展一天的学习和工作。

不同家庭的生活节奏可能多少有差别，不过请尽量做到以下两点：

1. 三餐之中，把早餐放在最重要的位置。
2. 晚上早点上床，好好睡觉。

做到这两点，早上起来肚子正饿得慌，然后心情愉悦地饱餐一顿，就可以开始元气满满的一天了。

坏的做法
让孩子随便吃零食，诱发摄食障碍

父母天天耳提面命孩子要好好吃饭，要求孩子吃这个吃那个，为他们不吃某样东西发愁，哪怕孩子说吃饱了也要他们多吃一点……这些行为都是不可取的。

说到底，吃饭应该是件开心的事情。

孩子肚子里已经没有空地方了，家长还发愁他们为什么不肯吃，一个劲儿地给他们嘴里塞食物，这样下去，吃饭对孩子来说就变成莫大的痛苦了。长此以往，孩子对吃饭这件事心生厌恶和恐惧、不安，甚至可能引发摄食障碍。

在出现摄食障碍症状的孩子中，有很多是童年时期被父母过度喂养的。这是我从 20 多年小儿科医生的临床经验中得出来的切身体会。

有些父母非常重视进到孩子嘴里的东西，食物全部要手工制作，一心想让孩子吃到美味的食物。这个出发点当然很可贵，但是以此为最重要的事情，而忽视了日常生活，反而可能得不偿失，影响孩子大脑的发育。父母的这种想法可能会导致孩子担忧"不吃东西会被妈妈骂"，从而增加生病的可能性。

再重复一次，吃饭最基本的要求是：

- 饿了才吃。
- 吃得开心。

在每一天里如此重复就可以了。

如果孩子对吃饭感到不安，会有什么样的后果？不仅孩子大脑的活跃度可能会受到影响，也许连充满活力地生活都变得困难。因此，请重新认真审视一下孩子每一天的饮食吧！

培养能热情问候别人的孩子

☑ **好的做法**

爸爸妈妈快乐交谈，互相问候

☒ **坏的做法**

命令孩子说"谢谢"或者跟人问好

好的做法

爸爸妈妈快乐交谈，互相问候

被别人热情地问候总会叫人心情愉悦。问候别人是培养社会性、建立人际关系的基础。能够热情地问候别人，对于孩子在社会上生活是很有利的。

孩子是模仿的动物。因此，想要让孩子热情洋溢地和别人打招呼，父母需要先给孩子做好示范。

- 早上，爸爸妈妈互相说"早上好啊"。
- 爸爸去上班的时候，妈妈一边说着"路上小心"，一边送爸爸出门。
- 从别人手上接过东西时说"谢谢"。

……

孩子看着父母的做法，耳濡目染，自然也就会模仿这些做法。

所以，首先还是请爸爸妈妈反观下自己，确认一下家里的氛围。如果家里大人的问候和对话不够的话，为了孩子，请有意识地多说一些，让孩子看到父母亲之间的交流。

很多家庭中，爸爸回家特别晚，也就难以让孩子看到父母之间的沟通。这种情况下，请善加利用早上的时间。早晨全家一起吃饭的时候，大人们要注意互相说"早上好""路上小心"，保持问候彼此的习惯。

> **坏的做法**
>
> **命令孩子说"谢谢"或者跟人问好**

一些父母认为,将来孩子进入社会,如果不能好好问候别人,那是非常可耻的;而且找工作的时候,如果不能恰当问候别人,会给人留下很糟糕的印象。于是他们把问候当成了"考试科目"来看待,动辄提醒孩子:"怎么不说'谢谢'?""'早上好'呢?"可是实际上,没有什么比一味强迫孩子更没有意义的事了。

把问候当成一项义务强加给孩子,并不能让他们理解到问候的重要性,也无法让他们体会到问候和被问候的良好感觉。如果在一个家庭中,大人们都很少问候和沟通,那么孩子理所当然地不会自发问候别人,也无法享受积极的对话交流。这种家庭培养出来的孩子,甚至有学习能力不高的倾向。

培养能专注玩游戏的孩子

◎ 好的做法

不过度给予,让孩子自由玩耍

◎ 坏的做法

父母来主导孩子的游戏

好的做法

不过度给予,让孩子自由玩耍

举个例子,当孩子在家玩耍的时候,父母只需要给他们准备最低限度的必要玩具,让孩子自己自由玩耍。如果家里有太多玩具的话,会造成孩子注意力分散,反而让他们不能专心游戏。

开始的时候,家长可以和孩子一起玩。但是当孩子能够集中注意力自己一个人玩之后,父母就该主动退场,让孩子自由玩乐。

父母可以等到游戏结束的时候,再来表扬孩子:"宝宝真棒,可以自己一个人玩电车这么长时间。"

在外边游戏也是如此。不管是捡拾落叶或果实,还是趴在地上一动不动地看蚂蚁,都是无需道具就能随便玩的游戏,可以让孩子玩得很开心。

孩子玩的时候,不管是在家还是在外面,父母都要尽量创设简单的环境,以便孩子能专注游戏。

在幼儿时期能够最大限度专注于游戏的孩子,也在为以后专心学习做好准备。父母可以在孩子学习的时候告诉他/她:"你小的时候就能很专心地玩,所以现在也能很专注地完成练习。"这样来给孩子加把劲。

另外,有时候孩子看上去像什么都没做,一个人在那儿发呆,实际上大脑却在全力转动,在认真思考某个问题。这时候请忍住脱口而出"发什么呆呢"的冲动,在一旁静静地观察即可。

要想培养能集中注意力玩游戏的孩子，父母还应该让孩子看到自己专注做事情的样子，形成对孩子的有益刺激。不管是编织还是读书，都是良好的示范。孩子在一旁看到父母专注于自己喜欢的事情，也就形成了对他们大脑的刺激。

坏的做法

父母来主导孩子的游戏

有时，父母为了让孩子有更丰富的体验，会贸然打断正专心玩的孩子，提醒孩子还有其他玩具。但这样来主导孩子的游戏，会打断他们的注意力。孩子的游戏应当由孩子自己来决定，如此才能培养他们的专注力。

另外，有些家长因为担心孩子老是自己一个人玩，不和周围的朋友一起游戏，就要求孩子和小伙伴一起玩。这对于孩子来说完全属于"多管闲事"。请尽量避免无视孩子想法，擅自主导他/她的游戏的做法。

培养充满好奇心的孩子

✅ **好的做法**

通过愉快的对话,展开创造力的翅膀

❌ **坏的做法**

对孩子的问题,总是冷淡地回答"不知道"

好的做法

通过愉快的对话,展开创造力的翅膀

3～4岁左右是孩子萌发好奇心的时期,这段时间,大部分的孩子都会进行"夺命连环问"。比如,"为什么天空是蓝色的?""为什么花儿是黄色的?"问起问题来没完没了，不过这也正是考验父母真本事的时候。

当孩子提出问题后，父母不妨先把问题抛回去，问一下他/她："宝贝你是怎么想的？"这下回答的对象变成了孩子，他/她很可能说出令我们意想不到的独特回答。这时，父母就可以从这个答案出发，用更独特的语言来回答孩子了。

比方说，孩子问："为什么天空是蓝色的？"妈妈可以与他/她展开这样的对话：

妈妈："这是为什么呢？宝宝你觉得呢？"

孩子："嗯……是不是有人用蓝色的颜料给它涂上颜色了？"

妈妈："这样啊……说不定是的。天空那么宽广，那个涂色的人可能非常非常大呢！"

孩子并不是想向父母寻求一个正确的答案，因此，父母也无须觉得，必须给孩子提供一个正确答案才行。

通过愉快的、梦幻般的语言交流来张开孩子想象力的翅膀，能够激发孩子的好奇心。所以，请尽情体会只有这个时期才有的独特的亲子交流，培养孩子的好奇心和创造力吧！

坏的做法
对于孩子的问题，总是冷淡地回答"不知道"

即使父母真的不懂孩子的问题，也不要粗暴地回答"妈妈不知道""这个太难了，不要问这样的问题了"，掐掉孩子好奇心的嫩芽。

这种回答持续几次的话，孩子就会觉得，不能问父母这些事情，从而关上自己好奇心的大门。

相反，父母应该倾听、接受孩子的问题，也可以考虑用智能手机进行查询。不管答案是什么，都应该认真对待孩子的话，鼓励孩子说出自己的思考，让对话进行下去。这个过程本身就是在培养孩子的大脑。请别忘记，亲子之间不经意的沟通经过日复一日的累积，就是在促进孩子的大脑发育。

培养能遵守时间的孩子

⊘ 好的做法

一有机会就向孩子传达时间概念

⊗ 坏的做法

和"别人家的孩子"进行比较，责备孩子做得不到位的地方

好的做法

一有机会就向孩子传达时间概念

如果家长想要培养孩子遵守时间的习惯，最好能随时抓住机会向他们传达时间概念。

当孩子尚小，不会看时间，家长带着孩子出去的时候，也可以看着表，尽可能具体地向孩子进行类似这样的解说：

如果我们坐附近××车站×点×分的电车，可以去到一个很好玩的地方。要坐×点×分的电车，需要提前5分钟到达车站，所以我们需要×点×分从家里出发。

孩子上小学后，可能经常会和邻近的小伙伴约好一起在附近的公园玩游戏。这个时候家长不妨和孩子做个约定，让他/她在5点半的钟声响起来时就回家，孩子会很容易理解。

当然，一开始的时候，孩子可能沉迷于游戏，听不到钟声，做不到按时回家。但经过几次迟到后，孩子就会慢慢学会遵守时间。一旦孩子能按约定的时间回家了，父母可以夸奖他/她："你之前不能准时回家，现在已经可以做到了。这是很大的进步。"

父母的夸奖会培养孩子的自尊心，孩子由此明白过来"原来遵守时间是这么回事啊",从而对守时有了切身的理解。

从低年级到高年级,家长可以这样一步步培养起孩子的时间概念。慢慢地,或许哪天你会听到孩子说"想和朋友一起坐公交车去车站附近的购物中心"一类的话。这个时候,正是锻炼孩子大脑的好机会。你不妨借机让孩子自己制定当天的计划,想好要把跟朋友会面的时间定在几点几分。

这样的经验累积多了,孩子就可以主动和人建立约定,并且思考为了遵守约定,自己需要怎样行动。

每个孩子都是一步一步向前成长的。当你看到孩子做到了以前做不到的事情,要及时给予表扬。相信孩子,培养孩子满满的自我肯定感。

坏的做法

和"别人家的孩子"比较,责备孩子做得不到位的地方

家长最不可取的做法,就是在孩子没有遵守约定回家时间的时候,拿他/她和同龄人做对比,责问他/她:"你们班的××能按时回家,你怎么就不行?"被这样比较的话,孩子容易觉得自己怎么都不如别人,从而失去动力。

另外,如果家长自己都缺乏时间观念,在和孩子碰头的时候总是迟到,孩子自然而然会效仿家长的做法,觉得自己迟到也没问题。这点还请家长朋友多加注意。

培养能好好收拾东西的孩子

✓ 好的做法

重新审视家里，保持公用空间的干净整洁

✗ 坏的做法

家里什么时候都乱糟糟的

好的做法

重新审视家里，保持公用空间的干净整洁

对家长来说，养育孩子和收拾家里大概是永远的烦恼。为了培养孩子收拾东西的习惯，父母首先要做的事情就是把家里多余的东西处理掉，让家里清清爽爽的。

孩子的成长是很快的，不知不觉间，他们穿过的旧衣服、已经不再玩的旧玩具就积攒了一大堆。对于这些已经用不着的衣服和玩具，家长最好果断处理掉，或者送给别人，以保持家里的整洁。

家长其次要做的事情是确定下家庭成员公用的空间，如起居室；然后和孩子强调，为了让全家在这里舒适地生活，必须保持这些区域的干净整洁，不断强化孩子的意识。

全家共用的起居室如果堆着内衣、书包等各种东西，谁都不会觉得舒服。吃了饭不立刻收拾餐桌的话，谁都没法用餐桌了。家长要把这些具体的理由清楚地向孩子说明，偶尔也和孩子一起收拾，让孩子意识到整理到底是怎么一回事。

另一方面，孩子的房间和书桌属于孩子自己的空间，可以承认它们作为"治外法权区域"，交给孩子自由管理，这有助于孩子大脑的健全发育。

家长并不需要把家里所有的地方都归为必须保持整洁、应该好好收拾的场所，可以告诉孩子哪些场所是公用的，需要整理，哪些场所是孩子的，可以自己做主。

这样进行区分，孩子就会自己去思考，什么时候、什么场所要怎么收拾才好，养成自主整理的习惯。

顺便说一下，我家虽然是一幢2层的独栋，但楼上是起居室、厨房和卧室，楼下是一个大房间，里边散布着我的桌子、女儿的桌子、丈夫的桌子、电视机、书架、沙发等，并没有女儿的单独的房间。

大房间里属于女儿的"治外法权区域"只有她自己的桌子和书架，这个区域如果乱了，我肯定看得一清二楚。但我在女儿很小的时候就告诉过她："你的地盘你做主，乱了我也会当作没看见。但是如果妈妈的桌子周围或者公用空间有你的东西的话，我会立刻收拾了，也可能会直接扔掉。"

所以，我家里的公用空间里，几乎没出现过女儿的东西乱放的情况。对于承认她的"治外法权区域"，乱了也不说什么的妈妈，女儿是全方位信任的。

收拾整理这件事蕴含着许多促进亲子间信赖关系的重要因素。认可孩子、信任孩子的同时，来培养能好好收拾东西的孩子吧！

坏的做法

家里什么时候都乱糟糟的

有小孩的房间总是乱糟糟的，孩子到处跑来跑去也很容易把房间弄脏。但是，大人切不可因此就放任不管，放弃打扫收拾房间。

如果家里的房间没有收拾，各种东西摆放得乱七八糟，桌面满是灰尘，去年的日历还一直挂在墙上，梅雨季节结束了还装饰着五月人偶[①]……这样的环境，显而易见不会对每天生活在其中的人的大脑和心灵产生好的影响。

大人可能觉得，乱点儿也没关系，灰尘遍布也没什么大不了。但是，如果让孩子在这种环境里成长的话，他/她是不会对脏乱差感觉不舒服的，也不会有收拾整理的动机。当然，家长如果只在嘴上重复"赶紧收拾赶紧收拾"这样的话，也无法真的向孩子传达收拾整理的重要性。

[①] 五月五日是日本的男孩节，为了祝愿男孩健康成长，父母通常会购买五月人偶摆放在家中。日本的梅雨季节通常在六七月份。——译注

培养孩子成为家务小帮手

◎ 好的做法

让孩子觉得自己是家庭一员,承担一些家务

⊗ 坏的做法

不给孩子安排固定的家务事,每次让孩子帮忙都给零花钱

好的做法

让孩子觉得自己是家庭一员,承担一些家务

让孩子去扔垃圾、取报纸、摆盘子、铺床……这些所谓的"帮忙",其实就是每天的日常生活本身。培养孩子

做家里的小帮手，需要让孩子意识到，他/她也要承担家庭生活的一部分事务，如果他/她什么都不做的话，家里的事就会安排不过来。大人有必要潜移默化把这种观念传递给孩子。

家长需要和孩子商量，把交给他/她每天负责的家务确定下来。不管他/她有什么事，负责的工作都要认真完成。

比如家长和孩子约定了由他/她负责每天晚上淘米做饭。如果哪天孩子忘记了这件事，家长也不要代劳，让孩子面对因为自己没做饭、今天只能光吃菜的后果，形成"做饭是我的责任"的自觉。

反过来，要是孩子没忘记，认真做了饭，家长不妨大力表扬他/她，告诉孩子他/她做的饭非常好吃，爸爸妈妈十分感谢。

这样日复一日，孩子每天做好自己承担的家事，觉得自己对家庭做出了贡献，自尊心越来越强，作为家庭一员的意识也会越来越强烈。

而且，孩子在承担家务的时候，不断思考着怎样才能做得更好更快，在这个过程里，大脑得到了锻炼，会发育得更好。

不过，如果一开始就让孩子做难度很高的事情，孩子无法长期坚持，自信心可能会受到打击。因此，家长需要根据孩子的能力来选择他们可以长久做下去的家务，培养他们作为家庭成员的自觉。

坏的做法
不给孩子安排固定的家务事，每次帮忙都给孩子零花钱

如果家长不给孩子安排固定的家务事，而只根据自己某一天的心情或需求让孩子做家务，孩子会感觉自己被爸爸妈妈使唤了，反而不乐意帮忙。家长当然可以让孩子做一些常规的家务事，不过最好解释一下原因，让孩子知道为什么需要做这些事情。

家长需要避免的是和孩子谈条件，给报酬，对孩子说做了这件事就给他/她100日元钱或者给他/她买玩具。孩子帮忙做事，家长当然可以给予称赞，但是更重要的是通过让孩子分担家务，让他/她觉得自己是家庭的重要一员。如果以奖励为前提让孩子干活，那么结果只能是物质交易，而起不到情感的转化作用了。

当然，如果孩子在妈妈非常焦头烂额的时候努力地提供了帮助，妈妈可以告诉孩子，他/她帮了很大的忙，所以今天可以破例去买好吃的冰激凌来一起吃，以此表达自己的谢意。

培养每天在固定时间自己睡觉的孩子

☑ **好的做法**

让孩子早上早起，白天充分活动，晚上自然变困

☒ **坏的做法**

纵容孩子一直看电视或玩游戏

好的做法

让孩子早上早起，白天充分活动，晚上自然变困

首先，家长要让孩子养成每天早上在固定时间起床的习惯（我在前文中进行过说明，最好可以做到早上6点前后起床）。然后，再逐步让孩子养成学习、游戏、充分活动、晚饭结束之后睡觉的规律。

为了能让孩子每天在固定的时间睡觉，理想的做法是

父母和孩子一起上床睡觉。因为孩子喜欢爸爸妈妈,常常会学着爸爸妈妈的样子,拖延着不肯上床。如果父母能早点关灯和孩子一起准备睡觉,孩子就可以很快入睡。

为了让孩子顺利进入梦乡,家长至少要提前一个小时让孩子的大脑进入容易入睡的状态。

◆ 把卧室光线调暗,并尽量保持安静。

◆ 睡前一小时左右让孩子洗完澡,进入体温下降、身体放松的状态。

◆ 让孩子每天在同样的时间,经过同样的过程进入睡眠。

坏的做法

纵容孩子一直看电视或玩游戏

来自电视机、电脑、游戏机、智能手机这些设备的光会对孩子眼睛造成最强烈刺激。如果一直盯着它们看,孩子大脑会受到强烈的刺激,兴奋得无法入睡。

除了这些电子设备之外,让孩子过于兴奋的游戏也最好别在睡前玩。

另外,家长还要尽量避免因为自己想看电视,就允许孩子玩得比平时晚;或者因为第二天要早起,就让孩子提前很久睡觉。切记不要因为父母的原因而让孩子养成不规律的生活习惯。

第 4 章

好的做法・坏的做法（幼儿园・学校生活、学习篇）

本章依据孩子在幼儿园和学校里的生活和学习状况，详细说明哪些做法能够锻炼孩子的大脑，哪些做法只会适得其反。

培养能认真听老师讲话的孩子

⊘ **好的做法**

和孩子讲话时看着他 / 她的眼睛，倾听孩子的话

⊗ **坏的做法**

对孩子的话置若罔闻

好的做法

和孩子讲话时看着他 / 她的眼睛，倾听孩子的话

在幼儿园和学校里能认真听老师讲话的孩子，在父母眼里往往也是靠得住的。倾听别人的讲话，需要有积极的态度，并且集中注意力。

我以前读外山滋比谷老师写的《思考整理学》（筑摩书房）时，看到过这样一段话："在演讲等讲话的场合，那些一边盯着讲师的脸一边认真倾听的人，往往会提出符合演讲内容的好问题。而那些不看讲师的脸，只顾着低头记笔记的人，则什么也没思考，也提不出问题来。"我认为事实正是如此。

要认真倾听别人讲话，我们需要注视对方的面部，尤其是眼睛。听的时候不只要注意对方的话语，也要注意对方的表情等。这一点也同样适用于家庭。

请回想一下每天的亲子对话。

你和孩子讲话的时候，有看着他/她的眼睛吗？孩子在问你问题或者和你说话的时候，你有看着他/她的眼睛回应吗？

要培养能认真听老师的话的孩子，家长首先需要让孩子在家庭中好好听父母的话。因此父母得先表现出认真听孩子讲话的姿势。

要做到这一条，必不可少的是眼神接触。父母要有意识地注视着孩子的眼睛讲话，这样孩子会感觉到需要认真听，父母所说的内容也就能顺利地进入他/她的大脑。

请先从看着孩子的眼睛讲话，看着孩子的眼睛倾听并回应开始做起吧。当然，如果家长忙于家务，实在腾不开手，那也没办法勉强。不过，只要家长有"看着孩子的眼睛讲话"的意识，就能带来很大的不同了。

我在大学里给大学生上课时，发现那些总是坐在课堂最前排，目不转睛盯着我，认真听讲，不懂就提问的学生，往往学习能力的提升也格外快。

家长在跟孩子说话，尤其在教孩子什么东西的时候，可以用到以下两个诀窍：

1. 慢慢说。
2. 按顺序讲。

日语原本就有"仅凭语感就容易传达"的特性。不过，如果父母始终采用暧昧的说话方式，孩子会难以明白，也没办法达到父母想要的理解程度。父母慢慢地、清楚地按顺序来讲话，并且让孩子有机会问"怎么回事""为什么",是最为合适的交流方式。孩子能够自己整理并思考父母的话,意识到自己不懂的地方并且提出疑问,是孩子大脑正在发育的证明。

即使家长每天忙于工作,也要做到一天至少有一次停下手上的事,留出一段时间来看着孩子的眼睛,慢慢地和他/她交谈,培养孩子认真听人讲话的能力。

坏的做法

对孩子的话置若罔闻

有些家长只顾着忙自己的,在和孩子说话的时候,眼睛看着其他地方,在孩子问问题的时候,边做家务边敷衍"太忙了以后再说"或者"不知道不知道"。这样是无法培养出能够认真听老师讲话的孩子的。

孩子跟父母说话的时候,是他们想和父母分享的重要时刻,也是锻炼孩子大脑的最好时机。如果白白错过这样宝贵的机会,就太可惜了。

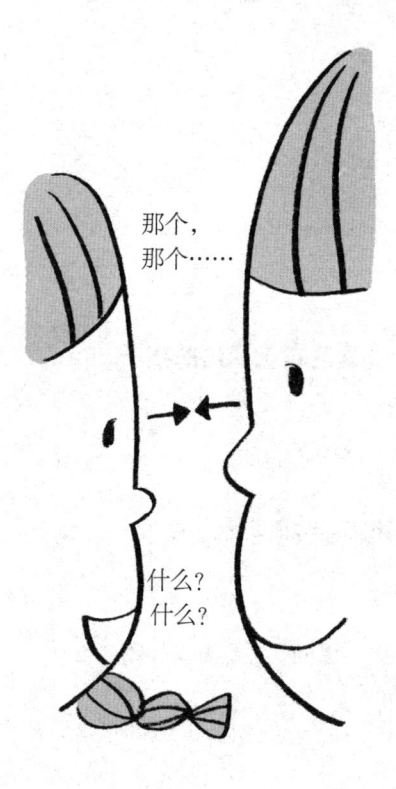

第4章
好的做法·坏的做法（幼儿园·学校生活、学习篇）

培养能向朋友表达自己想法的孩子

- ✓ **好的做法**

    在家庭中构建畅所欲言的氛围

- ✗ **坏的做法**

    不允许孩子提问，总是给予否定

> **好的做法**

在家庭中构建畅所欲言的氛围

家庭是社会的最小组成单元。因此，孩子首先应该在家庭进行各种各样的社会体验。对家人表达自己的想法，当然也是基于家庭的一种社会体验。

第4章
好的做法·坏的做法（幼儿园·学校生活、学习篇）

在家庭这个小社会里，让孩子清楚地表达自己的要求，以及认可孩子的要求（即使不能百分之百地实现），可以让孩子积累经验，是很重要的一课。

举个例子，晚上准备吃饭的时候，孩子忽然说："我想吃冰激凌。"

这个时候，妈妈可以首先通过重复孩子的话来承认他/她的要求："这样啊，宝宝想吃冰激凌了。"然后再进行解释，给出提议："可是已经到了晚饭时间了。现在吃冰激凌的话肚子会变凉，可能就吃不下饭了。所以现在要稍微忍耐一下，等吃完饭，如果你肚子还有地方，再吃一个小冰激凌怎么样？"

对孩子来说，即使自己的要求无法100%地实现，他/她也会意识到父母能够接受自己的想法。在家庭中积累了这方面的经验，他/她就会建立起对父母和他人的信任。有了这种信任他人的能力，他/她也能做到信赖周围的人和朋友，向他们表达自己的想法，尽管由于孩子先天气质的不同，会有程度上的差异。

孩子的心智和身体都是以天为单位在成长，一直在发展变化的过程中。

在幼儿园或者学校里，小孩子互相交流时，常常会出现孩子随口一句话引发别人意想不到的负面回应。如果孩子平时能在家人面前畅所欲言，从而在家庭中构筑起得到承认的安全关系，那么他/她在外面的环境中就不那么容易被打击到。

如果你打算培养出一个能向朋友明确表达自己想法的孩子，首先可以在家庭里给予孩子各种各样的社会体验，也就是说，认可、回应孩子说的话，有意识地帮孩子积累这方面的经验。

然后，当孩子长大到一定程度，就可以进入下一个阶段了。这时候请有意识地创造一些机会，让孩子接触除了父母以外的大人（比如值得信赖的小伙伴的妈妈），或者一起学习的朋友。

接触父母以外的大人，会让孩子发现他们跟妈妈不太一样，明白世界上有多种多样的价值观，会为传达自己的感受而努力。而得到父母以外的大人认可，也有助于孩子的表达能力进一步发展。

> **坏的做法**

不允许孩子提问，总是给予否定

当你正在忙忙碌碌，孩子却跑过来提比较麻烦的要求时，你会不会一时冲动就脱口而出"不行"或者"少废话，听我的"一类否定的话？

如果孩子在家里总是被父母否定，他/她会不相信自己，觉得父母反正不会听自己的，从而变得越来越自卑和胆小。因此，家长请从认可孩子讲话开始。

培养喜欢阅读、能够进行逻辑思考的孩子

◎ 好的做法

让孩子自由阅读喜欢的书,一起聊聊书中的内容

⊗ 坏的做法

朗读时没有肌肤接触

好的做法

让孩子自由阅读喜欢的书,一起聊聊书中的内容

许多父母都期待孩子能够喜欢阅读。喜欢阅读的孩子能从书中吸取各种各样的知识,也有助于他们逻辑思维的形成。

为了培养喜欢阅读的孩子，很多父母都会给自己的孩子读书。给孩子读书确实能够让孩子获得安全感，培养他们想象和把握故事世界的能力，形成对"身体脑"和"思考脑"的刺激。

可是，我们研究室里进行的实验表明，如果只是读给孩子听，并不能刺激到孩子的前额叶活动，让他们思考自己该如何行动、和周围的人的关系以及自己所处的境况，也无法促进他们"心灵脑"的活性化。

所以父母不如在读给孩子听后，把书合上，来进行亲子间的讨论。

"刚刚出现的兔子先生，在哪里睡着了？"
"故事最后兔子先生说的话，你还记得吗？"

通过积极开展这样的对话，来刺激孩子的前额叶，引导孩子表达自己的想法，培养他们逻辑思考的能力。

换句话说，想要培养喜欢阅读、能够进行逻辑思考的孩子，不能只靠为孩子读书，还需要加入更积极的因素，也就是让孩子回想故事,并用自己的语言进行表达,这样才能取得更好的效果。

另外,为了给孩子大脑提供有益的刺激,比如在读《小红帽》这种家喻户晓的故事时,家长可以进行这样的改动:

家长:"小红帽在森林里散步,一只狐狸在树荫下对她说……"

孩子:"啊?不是这样的!"

家长:"哎呀,对不起对不起,是长颈鹿。"

孩子:"不对!是大灰狼!"

家长:"啊……原来如此。是大灰狼。"

故意改编这些孩子熟悉的故事,来引导他/她的注意力和关注,是非常好的。

给孩子读书当然很重要,不过,也请家长朋友用心和孩子一起来玩图画书,给他/她的大脑提供有益的刺激。

> **坏的做法**

朗读时没有肌肤接触

有些父母好不容易能和孩子一起享受读故事的乐趣，却没有和孩子肌肤接触，讲故事的效果也就大打折扣了。要知道，和妈妈接触的时候，是孩子感觉最放松愉悦的时候。因此在给孩子讲故事时，除了声音，妈妈还应该通过接触，将"温度"也同时传递给孩子，在孩子心底留下愉快的记忆。

有的家长在给孩子讲故事的时候，一直开着电视，充斥着杂音的状态，这样也是不行的。我自己基本上不看电视，在生活中很少主动打开电视。但是近年来，越来越多的家庭整天都开着电视。

电视的声和光非常容易吸引人们的兴趣，哪怕人们并不想要如此。对孩子来说更是这样。比起书上的文字信息，电视的视觉信息刺激要强好几倍。所以如果家长在读故事的过程中，同时开着电视机，孩子的注意力自然就会被吸引过去。

虽然是些老生常谈，但是关于电视，还是希望大家可以做到以下几点：

- ◆ 吃饭的时候不要开电视。
- ◆ 只在想看的节目播放时才打开电视。
- ◆ 晚上 8 点之后关掉电视。

在家里制定类似的规则，请家庭成员一起遵守吧。

培养孩子的阅读理解力

◎ **好的做法**

除了读书,在看电视和玩游戏之后也和孩子一起讨论

⊗ **坏的做法**

让孩子只做阅读理解练习

> **好的做法**

除了读书,在看电视和玩游戏之后也和孩子一起讨论

阅读理解力是指对大脑中输入的信息进行整理和理解的能力。

阅读理解力不仅和孩子的阅读能力有关,也和会话能

力密切相关。像我在前文中说到的那样,家长在讲完故事之后,和孩子一起开展关于故事内容的讨论,或者让孩子改编绘本的内容,使阅读更有趣味,可以促进孩子前额叶的活性化,同时也能促进孩子阅读理解力的提升。

为了培养孩子大脑,除了读书之外,家长还可以在孩子看电视、玩游戏之后进行引导。在孩子享受完电视和游戏之后,父母可以诱导孩子多聊一些,增加孩子运用语言的机会,促进他们前额叶的活性化。

举个例子,在孩子喜欢的动画片结束之后,家长可以这样和他/她聊一聊:

家长:"今天讲的是什么故事呀?"
孩子:"嗯……××和××大战一场,××赢了。"
家长:"这样啊。他们在哪里打的?是怎样一场战斗?"
孩子:"今天是海战,打得……"

孩子遵守约定的时间打完游戏后,家长也可以借机聊一聊:

家长："今天通关到几级了？"

孩子："打到了××，不过还是没过。"

家长："这样啊，下次能过的话就好了。"

当然，孩子过度看电视和打游戏是不允许的。请家长制定好家庭规则，然后在电视和游戏之后适当引导，来刺激孩子的大脑吧。

坏的做法

让孩子只做阅读理解练习

有些家长一心想要提升孩子的阅读理解力，于是买来市面上的《读解能力训练》，让孩子拼命做题，这样用力过猛，反而得不偿失。

请一定要结合孩子的能力，在合理的范围内进行引导推动。

要知道，如果孩子因为过于努力而打乱生活节奏，过了晚上10点还在学习，他们的"身体脑"和"思考脑"是难以得到健全发展的。

我认为，比起让孩子做各种读解练习，家长哪怕多给孩子读一本书，多和孩子一起讨论书里的内容，都能更直接地提高孩子的阅读理解力。

培养孩子的"算术脑"

○ **好的做法**

使用数字和图形,和孩子快乐玩游戏

⊗ **坏的做法**

一味强调速度和正确

> *好的做法*

使用数字和图形,和孩子快乐玩游戏

算术是一门让大脑全速运转,仔细思考,从而推导出答案的科目,需要日积月累地学习。

算术又是非常简单清晰的一门科目,孩子要么懂,要么不懂，因此最适合用来让孩子体会到思考和解开问题的快乐。

擅长算术的孩子，也擅长用数字和简单的图形来表示眼前的东西和事情。另外，把用数字表达的东西转换成图像进行计算，也不会让他们觉得吃力。

下面为大家介绍一些日常生活中的游戏，它们可以把视觉和听觉所接收到的刺激传达到前额叶，培养孩子使用图像快速处理问题的能力。

1. 用模拟钟表来掌握时间

在和孩子一起做饭的时候跟孩子说"再过10分钟打开锅盖"，去公园的时候告诉孩子"20分钟之后我们回家"，这些都是用模拟的钟表指示具体的时间，可以在每天的生活中潜移默化地让孩子学到时间的概念。

2. 用钱学习大数

在桌子上摆上100日元、50日元、10日元、5日元、1日元等不同面值的硬币，和孩子一起玩买饮料的游戏。如此一边数大的数字，一边把十进制的概念用简单易懂的方式教给孩子。

3. 让孩子在帮忙做饭的时候理解到分数和分配的概念

"把蛋糕切成同样大小的 6 等份。""把这些小西红柿两个一对放在 3 个盘子里。"家长可以通过这样的吩咐让孩子了解分数的概念，或者问问孩子"这些加起来有多少个"，让孩子在过程中熟悉数字。

4. 用积木了解图形的组合

让孩子用积木搭建城市或者房子，把不同的东西组合到一起，从而让孩子自然而然地学到图形的组合。数同样形状和颜色的积木当然也是有效的方法。

除此之外，一家人出去兜风的时候，大家比赛计算车牌号的四位数相加后的数字，以及玩"看谁出得快"和"拼火车"等扑克牌游戏等，都有助于孩子将数字自然地输入大脑，建立一个图像化的回路。

坏的做法

一味强调速度和正确

要想在每天的生活和游戏中培养孩子的"算术脑"，

家长需要注意的最基本的一点是让孩子开心地玩。如果家长在孩子数数或者堆积木的过程中一味追求速度和正确，觉得孩子理解力差，给他/她贴上"算术不行"的标签，那可就本末倒置了。

锻炼孩子"算术脑"无需太过用力，请以放松的态度，让孩子自然地接触算术。

培养孩子的"英语脑"

✓ **好的做法**

首先健全培养孩子的"身体脑"和"思考脑"

✗ **坏的做法**

过度重视英语教育,引发孩子抽动障碍

> **好的做法**

首先健全培养孩子的"身体脑"和"思考脑"

和补习班一样,英语早期教育在日本也大行其道。

为了孩子的未来着想,很多父母都想要培养孩子适应全球化的能力。于是,"0岁开始学英语"之类机构如雨后春笋般冒了出来，不少父母和孩子努力地投入其中。我想说一下我的想法，那就是即使进行了英语早期教育，也不一定能培养出优秀的"英语脑"。

我自己之所以会在美国待上四年，从事研究员的工作，并不是因为我能说一口流利的英语。我认为成为真正的"国际人"的条件其实是：

- 有逻辑思考的能力。
- 有人文关怀精神。

逻辑思考能力，当然是指有逻辑地组织自己想法的能力，能够将"为什么这么想"以及"从现在的状况能明白些什么"等清楚地用文字表达出来。

我在本书中已经多次提到了逻辑思考能力，这种能力是可以从小就开始培养的。孩子读完一本书之后，父母通过聊天来引导孩子表达，通过会话提供有益的刺激，就可以发展孩子的逻辑思考能力。

另外，想要成为真正的国际人，需要有打心底想要和外国人讲话、与他们做朋友的冲动，它根源于喜欢自我、喜欢人类的强烈的"自我肯定感"。

而"自我肯定感"的源头，就是负责思考周围的状况、判断应该采取什么行动这一机能的"心灵脑"。

前面提到过，"心灵脑"可以通过以父母为首的大人们不断重复"没关系""不要紧"这些话来培养。

为了培养孩子的"英语脑"，让他们成长为真正的国际人，家长并不需要在孩子小时候就送他们去英语早教班学习，重要的是如第一章和第二章里说过的那样，按部就班培养孩子的大脑，打好大脑的地基。

如果在幼儿期孩子的大脑得到健全发展，那么到了小学和中学，他们就能够顺利地学好英语，即使发音不是很好，但在自我肯定感的支持下，也不会对外国的人或事物产生畏惧，可以大大方方地进行国际交流。

我是上了中学才开始学英语的，跟着母语是英语的老师上课。高中时我喜欢上英文电视剧，在翻来覆去看剧的过程中，英语水平得到了迅速提升。进入大学后，我迫切地想要使用英语，于是去了美国短期留学，进一步提升了英语，从而可以用英语和世界上不同国家的人交谈。

回顾我自己的经验，"英语脑"是从想要说好英语时开始形成的，早期教育并没多大意义。这就是我所持的观点。

顺便说一下，我女儿在初中二年级的时候迷上了美剧《欢乐合唱团》，在反复看的过程中，竟然能凭记忆说出里面的台词，慢慢地英语也说得越来越流利。这不正是真正的"英语脑"吗？

当然，如果父母很希望孩子在小的时候就亲近英语，对英语产生兴趣的话，去英语早教班学习也没问题。只是请注意，一定要先在家中按照正确的顺序，用母语培养孩子大脑，在此基础上再开始英语教育也不迟。

坏的做法

过度重视英语教育，引发孩子抽动障碍

有些孩子在日本出生，父母也是日本人，却从婴儿时期起就被灌输英语，只看英语的视频教材。然而，他们的父母想培养孩子"英语脑"的愿望非但没有实现，孩子上小学后还开始出现抽动障碍，在学校的情况也不如人意。早期学习不仅没有培养出健全的大脑，反而让孩子的身心出现毛病。

当然，并非所有同样境遇的孩子都出现了抽动障碍和不上学的情况，其中也有一些"身体脑"和"思考脑"平衡发展，顺利培养出"英语脑"的孩子。

但是请记住，培养出健全的大脑才可能进一步建构"英语脑"，请家长们仔细思量一下，不要急于求成。

培养孩子的"理科脑"

☑ 好的做法

锻炼孩子的逻辑思考能力,多体验大自然

⊗ 坏的做法

父母不能享受理工科乐趣

好的做法

锻炼孩子的逻辑思考能力,多体验大自然

虽然我认为不能一概而论,但在社会上却流行着一股风潮,认为理科生更容易就业,因此许多父母都希望培养孩子的"理科脑"。

迄今为止，在我接待过的家长和孩子当中，很多理工科的孩子都有着理工科的父母。不过，这不单单是指他们的父母擅长数字和计算，事实上，这些理工科父母客观看待事物的能力和表现出的逻辑思维能力也都高人一等。

想要发展孩子的"理科脑"，我认为首先要让他们具备一定程度的"文科脑"，即逻辑思维的能力，这是必不可少的。

以理科职业的一种——医生为例，它需要具备生物学、数学知识；同时，在对患者的复杂病情进行多方面诊断的过程中，也需要询问患者，把所有的情况结合起来，得出一个合理的结论，所以医生也同样需要具备客观进行逻辑思考的能力。

从这方面来说，为了培养孩子杰出的"理科脑"，首先必须培养他们的"文科脑"，也就是逻辑思考能力。

而逻辑思考能力究竟要如何培养，想必你已经知道了，就是我在前边多次提到的，在读书之后和孩子进行讨论。

在此基础上，要想培养孩子大脑的理科部分，家长不妨让孩子从小开始积累在大自然中的体验。

观察蝉和蜻蜓的羽化，养育植物，观察太阳和星星的移动，这些鲜活的体验，会变成孩子求知欲的源泉。因此，父母需要尽可能率先表现出对这些事物的兴趣，再带着孩子一起享受自然体验和科学体验的乐趣。

我很喜欢生物，我的女儿从小就加入了自然博物馆的同好会，两人经常一起参加博物馆组织的化石发掘会、野鸟观察会、野草观察会、星星观察会等活动。能在自己感兴趣的世界中尽情享受一番，让我每次去参加活动的时候都兴奋不已。

看到如今好奇心旺盛，遇到什么都积极挑战的女儿，我觉得与其说我为孩子做了什么，倒不如说我让孩子随着我一起沉浸在自己喜欢的世界里。我内心确信，这对女儿的大脑产生的影响不容小觑。

上面我举了自己的例子。不过各位爸爸妈妈不管哪一个是理工科的，都可以带着孩子在自己喜欢和擅长的领域里畅游一番。我的一个朋友喜欢机器人，他的儿子也非常喜欢机器人，做出许多让大人刮目相看的机器人，还和爸爸一起参加了大赛，让许多人惊讶不已。

虽然我们常说"有其父必有其子"，但是比起遗传，教育也许对孩子产生了更大的影响。

孩子将来的前途是他们自己决定的，为了通过高中和大学的入学考试而学习，也只能由他们自己来。喜欢或者不喜欢，有兴趣还是没兴趣，取决于孩子小的时候父母在他们心里种下了什么样的种子。

> *坏的做法*

父母不能享受理工科乐趣

像"培养孩子的阅读理解力"那部分里说过的那样，有些父母想培养孩子的"理科脑"，却只是让孩子做理科的习题集。

其实，家长与其勉强孩子在家里学习，还不如优先让他/她去外边玩耍。对于孩子来说，在炎热的夏天，和朋友们一起玩水枪比谁打得远；在寒冷的冬天，把石头扔到结冰的池子里来比较冰的破碎方式，这些都可以说是某种意义上的"理科实验"。让孩子在外边玩耍,根据自己的兴趣和自然的素材来进行体验式学习,他/她的"理科脑"能成长更快。

不过,如果家长非常讨厌昆虫,也不必为了培养孩子的"理科脑"就勉强自己养它们,这样可能适得其反。因为父母不能享受这种乐趣的话,孩子也无法真心享受。

第4章
好的做法・坏的做法（幼儿园・学校生活、学习篇）

培养温柔、富有同情心的孩子

⊘ **好的做法**

多说"没关系"，培养孩子的"心灵脑"

⊗ **坏的做法**

不尊重孩子，简单粗暴对待他们

好的做法

多说"没关系"，培养孩子的"心灵脑"

如果问父母们，想把自己的孩子培养成什么样的人，许多人会回答"温柔的孩子"和"富有同情心的孩子"。

那么，要怎样培养出温柔和富有同情心的孩子呢？

温柔和同情心是孩子与生俱来的特质吗？虽说两者多少和孩子先天的性格有一定关系，但实际上，父母和环境的影响也是非常巨大的。

在大脑培养的步骤3（第一章）里，我讲到支配心灵的"心灵脑"。培养"心灵脑"也就是培养最终"像人类的大脑"。

让孩子能够根据自己迄今所见、所听、所体验，考虑周围的情况和对方的立场，从而判断出最适合这个场合的语言和行动，能做到这一点，也就可以说培养出了孩子的"心灵脑"。

温柔的孩子、富有同情心的孩子，就是能够从对方立场理解别人心情的孩子。换句话说，温柔和富有同情心的孩子也是"心灵脑"发育比较好的孩子。

"心灵脑"的关键词是"没关系"和"不要紧"。

在幼儿园和学校，孩子要和许多伙伴和老师打交道，不光会遇到开心的事情，也会经历许多难过的、委屈的、想要哭的事情。

如果父母能做到下述事情：倾听孩子讲述自己经历的

各种情况；孩子开心的时候，和他/她一起开心；孩子难过的时候，接纳他/她的难过并给予安慰；不管孩子遇到多难受的事情，都让孩子觉得最终是"没关系"的，这样反复引导孩子，孩子就会感到安心，能够认可自己，也能做到温柔对待周围的人。让孩子的"心灵脑"得到充分发展，才能培养出温柔和富有同情心的孩子。

坏的做法

不尊重孩子，简单粗暴对待他们

即使是还在发育中的不成熟的孩子，也有他们的自尊心。家长请别忘记对作为家庭成员的孩子表示出尊重。如果父母因为忙碌，在跟孩子说话的时候简单粗暴地否定或贬低他们，那么孩子就会觉得自己很差劲，没有自信心，也就无法催生出温柔的情感来。

因此，父母不要单方面决定所有的事情，应适当询问、认可孩子的想法，来培养孩子的安全感。

培养意志顽强的孩子

◎ 好的做法

培养孩子的"心灵脑",接纳孩子的不安全感

⊗ 坏的做法

责备孩子的失败,给孩子更多压力

（好的做法）

培养孩子的"心灵脑",接纳孩子的不安全感

意志顽强,也是"心灵脑"得到充分发育的孩子所具有的一个特性。

这样的孩子有想要达成的学习和运动的目标。就算暂

时没做到，只要有充分发育的"心灵脑"，孩子也会觉得，之前做不到的事情，下回只要努力一下，肯定没问题。这些孩子可以从记忆中提炼灵感和勇气，开始行动，并且做到咬紧牙关不放弃。

当孩子内心感到不安时，他们的大脑的状态也是不安定的，自我认同的能力会被削弱。

就算孩子的"心灵脑"发展得不错，毕竟他们还是不成熟的小孩，时不时地还是会有不安的情绪。

这种时候，父母尽量不要因此也感到不安，而应努力给孩子提供克服困难和走出困境的提示，或者不动声色地引导他们解决问题。这是很有必要的。这样的体验重复几次，孩子的意志力就会被慢慢培养起来。

坏的做法

责备孩子的失败，给孩子更多压力

有些父母会责备孩子的失败，把自己的理想强加到孩子身上，给孩子增加很多压力。

这些父母往往有"孩子应该做到哪些事，做不到是因为不努力"的想法。他们会给孩子过高的期待，用命令的口吻强迫孩子达到更高的目标。由于他们不认可达不到目标的孩子，也就不接受不成功的孩子，绝对不会给予表扬。

处于压力之下的孩子为了得到父母的表扬，会按照父母的期待拼命努力。可不管怎么努力，他们都得不到父母的肯定，最终疲惫不堪，心力交瘁。

然后，他们会为了反抗父母而封闭自己的内心，用反社会的方式来满足自己没有被满足的欲求，甚至可能偏离正轨。

第 5 章

9 岁以后孩子的大脑培养方法

9 岁以后是大脑发育的加工期

本书的最后一章,我打算与大家谈谈 9 岁以后孩子的大脑成长和父母的关系。

第一章里提到过大脑的发展顺序,首先是负责吃饭、睡觉、呼吸的"身体脑",然后是主管说话、读书、思考的"思考脑",最后是联结"身体脑"和"思考脑"的"心灵脑"。

0～5 岁主要发育的是"身体脑",6～8 岁主要发育的是"思考脑"。可以说,0～8 岁这一时期打下了一个人的根基。

这个时期的孩子,基本上都很听大人的话。他们从和父母以及周围其他大人的关系中学会体谅别人的心情，通过幼儿园和学校的集体活动学会遵守社会规则，通过齐心协力做成某件事学会合作，学习生活中的一些最基本事宜。

继"身体脑"和"思考脑"之后，"心灵脑"的整合发生在9岁以后。

"心灵脑"快速发展的这段时期，孩子通过在每天生活中进行各种各样的交流，发展出控制行动和忍耐的能力，同时专注力和想象力也得到提升。9岁以后，可以说是大脑发育的"加工期"。

举个例子，坐电车的时候肚子饿了，要不要吃掉书包里的点心面包？这个时期的孩子可能会做如下思考：

现在电车里全是人，在这里吃不是很好。还是忍一忍，等到站了，下车在车站的椅子上吃比较安心，这样不会给周围的人造成困扰，应该没什么关系。

只有当孩子能真正理解诸如"安心""没关系"这样的抽象概念和语言的意思，他们的"心灵脑"才算发育成熟，而这个过程是在9岁、10岁到15岁之间基本完成的。

虽然我说了"心灵脑"的快速发展是在9岁之后，但它的根基却是在婴幼儿期就开始打下了。

举个例子，当2～3岁的孩子在人满为患的电车里喊肚子饿了要吃点心的时候，大部分妈妈可能会告诉孩子，现在周围都是人，稍微忍忍，到下一站下车了再吃。

而2～3岁的孩子认为世界是以自己为中心运转的，所以大多数会哭闹着非要立刻吃，只有少数能做到忍耐。这时，妈妈如果表扬孩子忍住了，做得很好，抱抱他/她，夸奖他/她，孩子的前额叶就会形成愉快的经验记忆，认为多忍一下就能得到妈妈的表扬和拥抱，会很开心。

就这样，婴幼儿时期，孩子在和以父母为代表的周围大人的互动中，慢慢学会了忍耐和控制自己的行动。父母在孩子做得好的时候多进行表扬，可以帮助他/她打好"心灵脑"的根基。如此日积月累，孩子就能在青春期顺利完成这部分大脑的发展。

大脑的发育从婴幼儿时期就开始，慢慢积累，按顺序打下"身体脑""思考脑"和"心灵脑"的基础。9岁以后以"心灵脑"的发育为中心,时间持续到 15 岁左右。这些大家记住了吗?

关于睡眠和饮食,我的基本想法,也是和以前一样的。

9 岁以后,最好也能保证孩子每天 9 个半到 10 个小时的连续睡眠,最低限度是 9 个小时。

而为了让孩子在分泌成长激素的晚上 11 点到凌晨 2 点之间进入熟睡状态,家长需要让孩子保持晚上 9 点上床、早上 6 点起床的生活规律。

饮食方面,要根据孩子的年龄来给他/她补充必要的能量,保证孩子的营养平衡。碳水化合物作为脑神经的营养来源自然是不能缺少的;摄取蛋白质有助于生成大脑的神经递质,也很重要。此外还有维他命,能支撑脑神经的活动。

孩子好好睡觉,每天早上起床的时候感到肚子很饿,是最理想的状态。

叛逆期是孩子大脑健全成长的表现

由于 9 岁以后是"心灵脑"快速发展的时期,在试图客观看待周围的过程中,孩子会萌生出"父母和自己不同,父母和老师的话不一定全对"的意识。

这个时期,孩子在想要独立的心情和想要依赖父母的心情之间摇摆,烦恼着到底怎么做才好。他们还要直面和朋友的关系的难题,进行自我的确立。

这种内心的矛盾表现在外部,就是对父母持极度反抗的态度,完全不听从父母的话,即我们所说的叛逆期。

尤其孩子上了中学后,会注意到家庭这个小社会的价值观和学校这个更宽广的社会的价值观并不一样。但他们即使在更广阔的社会中确立了自己的价值观,回到家里也会被拉回家庭的价值观里。叛逆期就是这些矛盾的表现。

读到这里的各位读者，想必心里已经明白了。

是的。叛逆期就是孩子大脑进入新发展阶段的标志。

孩子在幼儿期和青春期出现的两个叛逆，正是原始的、本能的大脑在发展的表现。

孩子在婴幼儿时期，不管是形成早睡、早起、早餐的生活规律，还是把喜怒哀乐都表现出来，对"身体脑"的塑造都非常重要。

然后，等到牙牙学语的时候，孩子学会了表达自己的心情，通过积累与他人互动的经验，发育"思考脑"，观察周围的状况，学会了忍耐，慢慢做到符合人类社会规范的行为。

再然后，孩子开始运用"心灵脑"，在应对他人及社会的过程中做到随机应变，察觉自己和父母、和老师、和社会的尺度差异并进行反驳……青春期的反抗，正是孩子从"孩子"向"大人"健全成长的证据。

努力养育孩子到这一阶段的妈妈们，是不是依然有对孩子的担心，觉得以前明明是个好孩子，为什么现在是这个样子，以后到底会变成什么样子？

可是，正因为现在是孩子"心灵脑"快速发展的时期，家长在一如既往地担心孩子时，也格外需要表示对他们的信赖。

请记住，接触各种各样的价值观是在促进孩子大脑的发展，因此请尽量不插手，不干涉，在一旁默默守护孩子吧。

引导孩子把消极面转化成积极面

话虽如此,这个时期,因为开始在意周围人的看法,孩子在和家庭、和学校、和朋友、和老师等关系中,也会出现不少负面状况。比如孩子:

- 不想上学了。
- 被霸凌了,甚至参与了霸凌,非常苦恼。
- 学习上遭受挫折,想放弃。
- 在运动和才艺选拔等活动中落选。
- 不喜欢学校的老师。
- 在意自己的外表,觉得自己太胖或者太矮了。

有些爸爸妈妈可能觉得，这说的就是自家孩子。当发生这些负面事情时，家长应该怎样应对才合适？

当负面事情发生在学校的时候，最糟糕的做法是父母立刻将其严重化。

举个例子，孩子回到家说，今天与某个同学发生冲突被打了。父母一听，二话不说就给学校打电话，责问学校自家的孩子怎么被打了。这就是严重化。

孩子被同学打了后觉得难过和委屈，这种心情很正常。但父母听到后，要是不问青红皂白，立即也陷入难过委屈的情绪，那就太不成熟了。父母应该比孩子更理智一些，对于孩子身上发生的微不足道的纠纷，不要严重化。

不妨把朋友打架这样的事看作孩子大脑发育的肥料。当孩子遇到这样的事，父母首先要与他/她共情，告诉孩子："是这么回事啊？挺疼的吧，心里头也有点委屈，是不是？"

孩子只要得到最喜欢的爸爸妈妈的共情，心情往往就会平静下来，觉得不那么要紧了。

在这样的经验重复的过程中，孩子可以把消极的心情转换为积极的。以后长大成人，遇到更棘手的问题，他/她也会觉得不要紧，因为孩提时期已经培养出了能够克服困难的大脑。

能否在一件事发生后，把孩子的悲伤和委屈作为跳板，给孩子一个飞跃的机会，这取决于父母的努力。

9岁以后是大脑发育的非常重要的加工期，这个时期如果孩子出现了一些小问题，父母也不必过分紧张，大可抱有"还有补救的机会，真幸运"的心态。接纳孩子的感受，和他/她共情，把消极面转换为积极面吧。

我想和大家聊聊女儿五年级时发生的一个难忘的插曲。

女儿从小一直学钢琴，为了能在学校组织的合唱节上做钢琴伴奏，她决定参加校内选拔赛，为此一直在紧张地练习。

可是女儿运气不好，选拔赛的前几天得了流感，结果没能参加，伴奏的名额自然落入他人之手。

当时，接到学校老师的电话通知后，女儿在被窝里号啕大哭。也难怪她这么难过，毕竟拼命地练习了那么久，最终却没能展示成果就直接出局了。

第二天老师再打电话过来，听说女儿大哭的事情，很是吃惊，在电话那头连连道歉："没想到把孩子的心伤得这么厉害，实在很抱歉。"

我是这样对老师说的："老师，您不需要道歉，这对孩子来说其实是很宝贵的体验。她从这次切身的体验中会学到，即使再努力，如果不能保证身体健康的话，也会错失良机。对于给予她这个机会的学校，我非常感谢。"

那之后，我才慢慢地帮孩子调整委屈的心情。女儿调整好情绪后，自己说："这次太不甘心了，不过明年六年级，还有一次合唱节的机会。下一年我绝对不让身体坏掉，一定要好好练习，通过选拔赛。"

我回答："这不是很好吗？你能这样思考问题非常棒，来年继续努力吧！"

一年后。

女儿一边好好调理身体，一边努力练习，终于拿下了伴奏的机会。而且，按照惯例，给六年级合唱节伴奏的孩子还可以在毕业典礼上伴奏，于是，女儿在毕业典礼的舞台上，也担任了钢琴伴奏的重任。

如果我在得知女儿不能参加选拔赛的时候怒气冲冲找学校理论："我女儿又不是自己想生病，为什么不让她参加比赛？"这样会有什么结果呢？可想而知，女儿不会自己产生明年再努力一把的想法了。

不管结果如何，都要接受"结果就是结果"。如果孩子对此一时难以接受，家长可以共情他/她的委屈或悲伤的心情，帮助他/她思考以后该怎样做才能得到更好的结果。对这个时期的孩子来说，这是很重要的支持。

不要急着下结论，等孩子自己得出结论

在这里，我根据到现在为止的研究和自己的经验，列举了一些 9 岁以后的孩子遇到麻烦时父母的不当处理方法。请作为参考，回顾一下自己平日的言行。

1. 看到孩子表露出不想上学的迹象时

不推荐的处理方法

"必须去学校。""绝对不允许不上学。""你不上学，将来怎么成人？"……对孩子展开诸如此类的说教，不听孩子说些什么，强行把他/她带回学校去。

2. 看到孩子出现被打的痕迹时

不推荐的处理方法

"是谁干的？妈妈给你报仇。""太没出息了，你不

会打回去吗？"不问清前因后果就去抱怨学校和对方的家长。父母也陷入不安的深渊，闷闷不乐。

3. 看到孩子学习受挫而不想继续时

不推荐的处理方法

"继续努力。""很快就能拿到金奖了，一定要坚持到那个时候。""现在放弃的话，你会后悔一辈子的。"这样给孩子下命令或做决定。父母也陷入不安之中，心情郁闷。

4. 看到孩子出现不喜欢学校老师的迹象时

不推荐的处理方法

不了解详细情况就行动，告诉孩子"妈妈去找学校"。不面向老师本人，而是向校长等管理人员要求更换老师。

5. 孩子过度在意外表，觉得自己太胖或者太矮时

不推荐的处理方法

"我也这么觉得，再瘦点就好了。""这些东西小孩子不要在意。"像这样打击孩子，或者驳回他/她的说法。限制孩子的食量，提醒他/她再吃又要吃胖了。

6. 看到孩子因友情烦恼时（讨厌别的孩子，不想再和别人一起玩了，等等）

不推荐的处理方法

"我也不喜欢那个孩子。""要不就和妈妈玩好了。"像这样把自己的意见强加给孩子，干涉孩子的朋友关系。

你觉得呢？

想必你已经理解了，9岁以后的孩子发展"心灵脑"时，父母的偏向、压制和指责是大忌。

除此之外，为了9岁以后的孩子的"心灵脑"能健全发育，父母还需要注意以下四点：

1. 首先是接纳孩子的情绪（把孩子的话重复一遍，这种"鹦鹉学舌"很有效果）。
2. 共情。
3. 有意识地引导孩子的思考，不慌不忙地听取孩子的见解。即使孩子的看法有明显错误，也不要立刻否定。
4. 不要立刻得出结论，等待孩子自己得出结论。

第5章
9岁以后孩子的大脑培养方法

9岁以后的孩子随着"心灵脑"的发展,逐渐开始走上独立的道路。父母也需要慢慢放手,让孩子学着自己解决问题。

再跟大家讲一个我女儿的小故事。

女儿上小学四年级的时候,有一天忽然说不想上学了,说是不喜欢自己的班主任老师,受不了老师发火时的怒吼。

听到她这番话,我内心窃喜,终于等到这一天了。

不是吗?锻炼孩子大脑的机会终于到了,现在正是作为脑科学研究者的妈妈大显身手的时机。

于是,我说:"这么回事啊,你不想去学校。"表示了对女儿情绪的接纳。接着我说:"我明白了,那就请假吧。不过,你既不头疼也不发烧,这纯粹是旷课了。我不能让你自己在家玩,你和我一起上班去吧。"

于是我把女儿带到了我工作的大学。认识女儿的同事和学生看到了都问她:"哎,你今天不用上学吗?"因为事先约定过不能说谎,女儿只能一次次回答:"今天旷课了。"大家听到后都笑起来,说:"原来是这么回事啊!

今天旷课了。以后常来我们学校呀。"女儿受到这样热情的欢迎，也笑了。

那天晚上，女儿对我说："妈妈，我明天要去学校。今天我已经休息一天了。哪怕再讨厌老师，还是去学校比较好。"

"这样吗？那好。"我说。

事情就此结束了，女儿的"心灵脑"借此又得到了一次成长。

怎么样？

对于女儿不想上学的负面想法,作为妈妈的我全盘接纳,在此基础上再让她思考要怎么办。她经过思考,注意到了自己的矛盾之处,最终得出结论,还是应该去上学。

如此一次次重复,9岁以后的孩子就能将在学校经历的消极事项,转化成积极事项的来源。因此,父母平时也需要成为比孩子更理智更有智慧的存在。一起努力吧。

大脑培养已经失败了？亡羊补牢，未为迟也

看到这里，有些家长回想自己的育儿经历，认为自己没能在适当的时期给予孩子大脑适当的刺激，可能会感到不安，担心没有培养好孩子的大脑。不过，没关系。即使从现在开始，重新调整孩子大脑的培养方法也是来得及的。因为大脑本身就具有机能和构造持续变化的"可塑性"。

不管孩子的问题出在哪方面，家长首先都要从"身体脑"的培养开始调整，先让孩子养成早睡、早起、认真吃早餐的生活习惯。

如果孩子习惯熬夜，可能一下子做不到早睡，那就先让他/她养成早起的习惯。

这并不是说，父母要强制孩子早上从被窝爬起来，而

是要找到孩子喜欢做的事，比如早上出去散步，然后邀请他/她早点起床一起去。

对于有午睡习惯的孩子，可以尽量让他/她缩短午睡时间，多运动身体，这样到了晚上，他/她的身体自然变得困乏，也就更容易养成早睡的习惯。

要培养孩子的"身体脑"，调整吃饭和睡觉这两个生存的基本要素是重中之重。

"身体脑"之后发育的是"思考脑"。调整这一部分的培养方法，核心在于语言。家长不单单要自己跟孩子多说话，还要有意识地引导孩子多说话。

现在很多妈妈非常积极地和孩子讲话，但是她们每天都太忙了，以至于很少能静下心来引导孩子，倾听他们讲话。这就舍本逐末了。

比如，当孩子从学校回到家里的时候，妈妈就接连不断地说："欢迎回家。今天过得怎么样呀？天气这么热，喉咙一定很渴吧？果汁马上就好了。"说着，还没等到孩子的回应，就递上一杯饮料。这样做，虽然是一片苦心，但并不利于孩子"思考脑"的发育。

不管孩子多小，如果家长想让他/她讲话，就请耐心点等待，让他/她用自己的语言表达出自己的心情。

另外，如果家里的电视机一直开着，大家被声音和画面吸引了注意力，那么引导孩子讲话的机会就会大大减少。

关掉电视机，才能够听到外边下雨时的雨声，鸟儿的啼鸣，或者车辆经过的声响等各种各样的声音。请家长把注意力放到料理的香味和色彩上，以各种各样的题材为话题，与孩子展开形形色色的会话吧。

孩子是发展变化中的存在。

在许多大人看来，孩子的逻辑太幼稚，所以他们听的时候总是以自己为中心，不断纠正孩子，告诉孩子那样不对，应该这样，一厢情愿地教导孩子。

其实，倒不如暂停一下，问问孩子为什么这么想，能不能给大人解释一下他/她的想法。说不定就能听到孩子说出让大人意外的想法，体会到新的感动。

前面讲到过，"心灵脑"不能很好发育的原因在于"身体脑"和"思考脑"不能很好地联系在一起。

如果孩子总是怀着不安的情绪，"心灵脑"就无法发育。而孩子不安的一个原因，往往在于妈妈。

"必须让这个孩子好好吃饭""无论如何都要让他学习"，如果妈妈抱有这类想法，在养育孩子的过程中过于认真，反而会束缚住孩子。结果，妈妈和孩子之间的语言交流不能顺利进行，孩子也无法产生"没关系""不要紧"的感觉。

想要去除孩子不安的情绪，让"心灵脑"好好发展，妈妈自己也需要严格执行早睡、早起、早餐的习惯，适当放松自己，酌情调整情绪，重振精神。同样不可忽视的是妈妈自己也要觉得"没关系""不要紧"。

后记

这本书所写的全都是小儿科的常识,也可以说是基于人类发展原理的育儿法。

作为一个小儿科医生,在开始养育自己的孩子时,我不仅已经掌握了这些原理和原则,而且还从事着与疾病成因相关的遗传基因和疾病发生的研究,能够从大脑发展的角度来思考"人类的成长"。所以,我完全没有被市面上宣传的诸多可疑的大脑培养方法所打动,这些方法都是基于不确定的育儿信息和商业主义。

特别是在女儿小学低年级的时候,我和丈夫只是想着,要把"作为动物一员的人类的大脑"从不成熟的状态开始,按照顺序均衡地培养起来。为此我们付出了许多努力。

最费脑筋的,莫过于让女儿晚上 8 点就上床睡觉了。

不管孩子多可爱,养育孩子多重要,我们夫妻首先是有社会身份和责任的成人。所以我们并不总是把孩子放在第一位。必要的时候,把"身体脑"发育当作重点的我们,会毫不犹豫地选择借助他人的力量。

女儿上幼儿园和小学期间,如果我和丈夫都很忙,实在不能早点回家,我们就会果断雇请保姆帮忙。保姆会去幼儿园接女儿回家,或者在女儿自己从小学回家后,照看她和朋友玩耍,监督她好好吃晚饭,以及到了晚上8点就睡觉。那些晚归的日子,我到家时总能看到保姆一个人在起居室静静看书,而女儿则在卧室里睡得香甜。

那时,每当提起我家的情况,总有人说"那你女儿也太可怜了"或者"请保姆太奢侈了"。

说这些话的人,往往"为了孩子",在孩子的学习和补习班、游戏上不惜花费远远超过请保姆的费用。"为了孩子",她们辞掉好不容易取得成就的工作,或者减少上班时间,努力让自己在家的时间更长。

我完全没有否认这类做法的意思,只是让我觉得不可思议的是,尽管如此,和我们家相比,那些家庭的父母和孩子交谈的时间更短，关于孩子的支出花费也更多。

我们夫妻俩工作不忙的时候，孩子因为也不用上才艺班和补习班，一家人都待在家里。由于一楼没有单独的房间，也没有游戏，于是大家只能聊天了。平日里一家人早上起来，也有大量的时间交谈，亲子感情无形中得到增强。

而且，保姆费也并不像很多人以为的那么贵。女儿跟着那些优秀的保姆做蛋糕、学唱歌，从她们身上学到很多父母无法提供的知识，因此获得了更大的成长。对于才艺班、补习班和游戏等费用一概没有的我们家来说，保姆费可以说是非常有意义并且必要的经费支出。

现在正上高中的女儿，取代了仍然忙碌的父母，负责自治会的联络工作、和邻居闲聊、买东西、收拾家、打扫房间、扫院子等。她每天晚上8点就上床睡觉，凌晨2到3点起来学习，6点到了就准备早餐。

如果把培养能独立生活的人作为育儿目标的话，那么我的育儿任务可能已经完成了。我感觉，女儿是个非常合心意的同居人，与她一起生活的每一天，我都很轻松快乐。

后记

只要大人以让幼儿期的孩子"好好睡觉"为中心,不动摇地这样养育孩子,孩子是绝对能顺利成长的。能相信这一点,并在每天的生活中实践,真是一件幸事。

成田奈绪子

作者简介

成田奈绪子，日本文教大学教育学系特殊教育学教授，小儿科专科医生。文部科学省"玩节奏游戏早起健脑"执行委员长。主持"育儿科学坐标线"研讨会。拥有作为脑科学研究人员的多年积累和作为儿科专业医生的丰富临床经验。著作有《5岁定音！不断挖掘才能的大脑锻炼培养方法》(斯巴鲁舍)、《早起节奏培养大脑》(萌芽社)、《睡眠第一，睡好了一切顺利》(双叶社)等。

育儿科学　http://kosodatekagaku.com

育儿科学坐标线　http://www.kk-axis.org/